Inhaltsverzeichnis

Vorwort zur 3. Auflage

Die ungebrochen hohe Nachfrage beschert dem Werk seine bereits dritte Auflage. In neuer optischer Ausstattung bietet auch sie wieder eine Einführung in die wichtigsten Rechtsgrundlagen des schulischen Beurteilungshandelns und ergänzt diese durch eine Reihe pädagogischer Überlegungen und Empfehlungen. Im Rahmen der Überarbeitung wurden unter anderem pädagogische Anmerkungen zur praktischen Prüfung eingefügt, die Ausführungen zum Frühwarnsystem der neuen Rechtslage angepasst und die sich durch die beiden „Schulrechtspakete 2005“ ergebenden Veränderungen eingearbeitet. Im Anhang findet der Leser nun auch einen Leitfaden für die Qualitätsentwicklung in den Schulen.

Während jüngere Kolleginnen und Kollegen sowie Studierende in diesem Buch eine erste Orientierung im sensiblen Handlungsfeld des Prüfens und Benotens finden, kann der Band erfahrenen Lehrerinnen und Lehrern als Ratgeber in Zweifelsfragen dienen. Angesprochen sind im schulpartnerschaftlichen Geiste außerdem Eltern und Schüler, die sich mit der rechtlichen und pädagogischen Problematik der Leistungsbeurteilung näher auseinander setzen möchten.

Nach wie vor gilt, dass das Werk die selbstständige Auseinandersetzung mit den gesetzlichen Grundlagen der schulischen Leistungsbeurteilung nicht ersetzen will und kann. Obwohl die Angaben in diesem Buch nach bestem Wissen und Gewissen recherchiert wurden, ist die direkte Nachschau im Gesetzes- oder Verordnungstext im Einzelfall unverzichtbar.

Die bewährte Symbolik wurde beibehalten:

§ Gesetzes- bzw. Verordnungstexte
(wörtliche Zitate sind *kursiv* gesetzt)

i Erläuterungen und Kommentare
zu den Gesetzes- bzw. Verordnungstexten

Linz, im April 2006

Abkürzungsverzeichnis

Abs.	Absatz, Absätze
Abschn.	Abschnitt
AHS	Allgemein bildende höhere Schule(n)
Anm.	Anmerkung(en), Fußnote(n)
AVG	Allgemeines Verwaltungsverfahrensgesetz 1991
BDG	Beamten-Dienstrechtsgesetz
BGBl.	Bundesgesetzblatt
BHS	Berufsbildende höhere Schule(n)
bm:bwk	Bundesministerium für Bildung, Wissenschaft und Kultur
BMS	Berufsbildende mittlere Schule(n)
BMU	Bundesminister(ium) für Unterricht und kulturelle Angelegenheiten
bspw.	beispielsweise
Erk.	Erkenntnis
Erl.	Erlass
Erl. Bem.	Erläuternde Bemerkungen zu Regierungsvorlagen
f. (ff.)	und folgende(r)
GP	Gesetzgebungsperiode des Nationalrates
i. d. F.	in der Fassung
LBVO	Leistungsbeurteilungsverordnung
lit.	littera(e) (Buchstabe[n])
LSR	Landesschulrat
Nov.	Novelle
NR	Nationalrat
Nr.	Nummer
RdS	Zeitschrift „Recht der Schule"
RV	Regierungsvorlage
S.	Seite
s.	siehe
SchUG	Schulunterrichtsgesetz
u.	und
VwGH	Verwaltungsgerichtshof
vgl.	vergleiche
Zl.	Zahl(en)

Einführung

1 Rechtsgrundlagen schulischer Leistungsbeurteilung

Rechtsgrundlagen

Die wesentlichen Rechtsgrundlagen der schulischen Leistungsbeurteilung[1] finden sich

- im Bundesgesetz über die Ordnung von Unterricht und Erziehung in den im Schulorganisationsgesetz geregelten Schulen *(Schulunterrichtsgesetz – SchUG)*, hier insbesondere in den §§ 18 ff., und
- in der Verordnung des Bundesministers für Unterricht und Kunst über die Leistungsbeurteilung in Pflichtschulen sowie mittleren und höheren Schulen (*Leistungsbeurteilungsverordnung*, im Folgenden LBVO)

mit ihren jeweils zahlreichen Novellen.[2]

Dass die Beurteilung von Schülerleistungen in öffentlichen Schulen einer rechtlichen Grundlage bedarf, steht außer Frage. Zum einen darf die gesamte staatliche Verwaltung der österreichischen Verfassung entsprechend nur auf Grund von Gesetzen ausgeübt werden. Zum anderen können die Entscheidungen des Lehrers oder der Beurteilungskonferenz für den Schüler von erheblicher Tragweite sein. Wie in anderen Bereichen auch zielt die Gesetzgebung daher wesentlich auf den Schutz des Schwächeren und die Herstellung einer Vorhersehbarkeit und Berechenbarkeit staatlichen Verwaltungshandelns.

---

1 Es ist zu beachten, dass sich die Ausführungen in diesem Buch ausschließlich auf die Schulen im Geltungsbereich des Schulunterrichtsgesetzes (SchUG) und daher nicht auf die Schulen für Berufstätige und die Akademien oder gar die Universitäten oder künftigen Pädagogischen Hochschulen beziehen.

2 Dem Lehrer sei für seine Handbibliothek die Anschaffung dieser Gesetzestexte empfohlen. Diese sind, ebenso wie die einschlägige Judikatur des Verwaltungsgerichtshofes, auch über das Rechtsinformationssystem des Bundes zugänglich (http://www.ris.bka.gv.at/). Eine Orientierung im gesamten Schulrecht bietet Brezovich, B.: *Schulrecht kurz gefasst*. 7. Aufl. Linz: Trauner, 2006.

Pädagogik und Recht

Außer Frage steht aber auch, dass der Gesetzgeber mit diesen Regelungen tiefgreifend in pädagogische Prozesse und im Besonderen in die pädagogische Freiheit des Lehrers eingreift. Schulen sind auch, aber nicht nur Stätten hoheitlichen Handelns. Sie sind vor allem Bildungs- und Erziehungseinrichtungen. Unterricht als lebendigem sozialem Geschehen lässt sich nur sehr begrenzt durch notwendig generelle Regelungen gerecht werden. Es ist daher kaum zu vermeiden, dass dem Lehrer als pädagogischem Experten mit intimer Sachkenntnis einzelne Regelungen im konkreten Fall manchmal problematisch oder gar pädagogisch sinnwidrig erscheinen mögen. Das gilt insbesondere dann, wenn sie zu einer bürokratischen Überfrachtung des Unterrichts führen. Außerdem beinhaltet Leistungsbeurteilung bei allem Bemühen um ihre Objektivierung immer auch Wertentscheidungen, die nicht vollständig durch Gesetze und Verordnungen ersetzt werden können.

Regelungsgleichgewicht

Der Gesetzgeber steht deshalb vor einem Zielkonflikt. Einerseits muss *Unterregulierung* vermieden werden: Die Gesetzgebung soll den Schüler effektiv schützen und sie kann dies nur, wenn sie konkrete Vorgaben gibt. Andererseits schränkt *Überregulierung* die für die fruchtbare Gestaltung pädagogischer Prozesse erforderliche Flexibilität und Einzelfallbezogenheit sicherlich ein.

Inwieweit die Herstellung eines entsprechenden Regelungsgleichgewichts gelungen ist, mag man für einzelne Bestimmungen des SchUG und der LBVO unterschiedlich beurteilen. So regelt die LBVO beispielsweise einzelne Formen der Leistungsfeststellung sehr – und vielleicht oft zu – detailliert. Dagegen existiert in manchen Bereichen (z. B. Feststellung der Mitarbeit, praktische Leistungsfeststellungen; Einordnung von Leistungen unter die sehr allgemein definierten Beurteilungsstufen; Prognosespielraum bei der Entscheidung über das Aufsteigen mit einem „Nicht genügend") ein gewisses Regelungsvakuum, das der Lehrer bzw. die Beurteilungskonferenz in pädagogischer Verantwortung zu füllen haben werden. Im Übrigen wird man dem etwaigen Vorwurf einer Überregulierung sicherlich die aus Schülersicht nicht all zu umfassenden Anfechtungsmöglichkeiten der im Zusammenhang mit der Leistungsbeurteilung getroffenen Entscheidungen entgegenzuhalten haben (s. den Abschn. zur Berufung, S. 126 ff.).

Verfehlt wären in diesem Zusammenhang mit Sicherheit generelle Bedenken gegen die Rechtsmittel, die das Schulunterrichtsgesetz den Erziehungsberechtigten bzw. dem Schüler eröffnet. Lehrer, die ein Überprüfen ihres Beurteilungshandelns als Misstrauensvotum gegenüber ihren pädagogischen Fähigkeiten empfinden, vergessen dabei häufig, dass Rechtsschutzmechanismen keine schulrechtliche Besonderheit, sondern Grundbausteine rechtsstaatlichen Denkens darstellen. Es mag vielleicht hilfreich sein, hier an den Richter zu denken, der die Korrektur seines Urteils durch die nächsthöhere Instanz wohl kaum als Angriff auf die eigene Person oder seine fachliche Integrität werten würde.

2 Leistungsfeststellung und Leistungsbeurteilung

Die Gliederung sowohl der LBVO als auch dieses Buches orientiert sich an den Grundbegriffen „Leistungsfeststellung" und „Leistungsbeurteilung". Notengebung wird vom Gesetzgeber als zweiphasiger Prozess konzipiert: Auf die *Feststellung* der Leistung des Schülers (Erhebung des Sachverhalts: Was kann und weiß der Schüler?) folgt ihre *Beurteilung* (Subsumption unter Noten als in verkürzter Form zum Ausdruck gebrachte Gutachten[1]: Wie ist die Leistung zu bewerten?).

Leistungsfeststellung

Leistungsfeststellung ist das Ermitteln der Schülerleistung durch die Messung von Lernergebnissen unter Anwendung eines Messinstruments (Feststellung der Mitarbeit, besondere mündliche, schriftliche, praktische oder graphische Formen der Leistungsfeststellung). Das Ergebnis der Leistungsfeststellung kommt im Grad der Richtigkeit und Vollständigkeit der Schülerantworten zum Ausdruck, ausgedrückt etwa als Zahl der korrekt gelösten Aufgaben, der bei der Bearbeitung unterlaufenen Fehler oder der erreichten Punkte.

[1] Erl. Bem. zu § 70 Abs. 2 SchUG in der Stammfassung, entspricht dem nunmehrigen § 71 Abs. 2. Die Bekanntgabe von Prüfungsergebnissen hat also nicht den Charakter eines Bescheides (s. den Abschn. zur Berufung, S. 126 ff.).

Leistungsbeurteilung

Leistungsbeurteilung ist die im Anschluss an die Leistungsfeststellung vorgenommene Bewertung des Messergebnisses durch den Vergleich mit einem Beurteilungsmaßstab. Das Ergebnis der Leistungsbeurteilung wird durch die vom Gesetzgeber definierten Beurteilungsstufen (Noten) ausgedrückt.

Notengebung – ein komplexer Prozess

Auch wenn wir physikalische Größen messen, können wir den Vorgang der Erhebung oder Messung eines Sachverhalts von der Bewertung oder Beurteilung dieses Sachverhalts unterscheiden. So lässt sich beispielsweise die Raumtemperatur mittels eines Thermometers messen. Das Messergebnis kann sodann beurteilt werden, beispielsweise als „gerade richtig“ oder als „zu warm“. Ein solcher Vergleich macht aber zugleich deutlich, wie komplex das Messen und Beurteilen von Schülerleistungen eigentlich ist. Während bei der Messung der Raumtemperatur der Messvorgang selbst relativ unproblematisch ist und die Person des Messenden erst bei der Beurteilung eine Rolle spielt, ist schon das Messen der Schülerleistung eine höchst diffizile Angelegenheit.

Notengebung ist unter anderem deshalb ein komplexer Prozess, weil

- keineswegs eindeutig festgelegt ist, *was* der Lehrer überhaupt zu messen hat. Das „Messobjekt“ ist ihm durch die recht allgemein gehaltenen Lehrpläne nur sehr unbestimmt vorgegeben, sodass verschiedene Lehrer verschiedene Vorstellungen darüber entwickeln, welche Schülerleistungen überhaupt gemessen werden sollen.
- Schülerleistungen zu einem erheblichen Teil auf den Unterricht des Lehrers zurückgehen. Der Lehrer ist also an der Herstellung der Größe, die er misst, selbst beteiligt.
- dem Lehrer keine fertigen Messinstrumente (Schularbeiten, Tests, mündliche Prüfungen usw.) zur Verfügung stehen, sondern er diese selbst konstruieren muss.
- die Art und Weise der Messung in nicht unerheblichem Maße die Messergebnisse beeinflusst. Vor allem bei mündlichen Prüfungen kann das Prüferverhalten den Prüfungsausgang sehr stark beeinflussen.
- der Lehrer die Messergebnisse selbst ablesen muss. Während dies auf einem Thermometer recht einfach ist, müssen bei Schülerleistungen Kriterien dafür entwickelt werden, was als richtig oder falsch, als vollständig oder unvollständig gilt. Dies ist in der

Regel umso schwieriger, je komplexer die zu messende Schülerleistung ist.

- der Lehrer den Messergebnissen Noten zuordnen muss. Auch dies ist keine einfache Aufgabe, weil weder dem Lehrplan noch dem SchUG oder der LBVO präzise entnommen werden kann, was genau ein Schüler leisten muss, um beispielsweise ein „Befriedigend" zu bekommen.[1]

---

[1] Eine sehr gute Einführung in die pädagogische Problematik der Leistungsdiagnose und -beurteilung bietet Sacher, W. (2004): *Leistungen entwickeln, überprüfen und beurteilen. Bewährte und neue Wege für die Primar- und Sekundarstufe*. Bad Heilbrunn/Obb.: Klinkhardt.

Leistungsfeststellung

1 Grundsätze der Leistungsfeststellung

1.1 Maßgeblichkeit der Leistungsbeurteilungsverordnung

§ LBVO § 1

(1) Grundlage der Leistungsbeurteilung sind die Leistungsfeststellungen nach Maßgabe der Bestimmungen der Leistungsbeurteilungsverordnung.

(2) Feststellungen der Leistungen der Schüler, die dem Lehrer nur zur Information darüber dienen, auf welchen Teilgebieten die Schüler die Lehrziele erreicht haben und auf welchen Teilgebieten noch ein ergänzender Unterricht notwendig ist, sind nicht Gegenstand der LBVO *(Informationsfeststellungen).*

i Nicht jede Prüfung wird vom Lehrer auch benotet. Im Gegensatz zu benoteten Leistungsfeststellungen, die eine *Prognose* über das künftige Leistungsverhalten des Schülers (etwa in der nächsthöheren Schulstufe oder im Berufsleben) abgeben sollen, *diagnostizieren* Informationsfeststellungen den aktuellen Leistungsstand des Schülers. Dadurch sollen Maßnahmen durch den Lehrer, den Schüler selbst oder die Eltern eingeleitet werden, die das Lernen effizienter gestalten.

Die Bestimmungen der Leistungsbeurteilungsverordnung sind bei solchen, ausschließlich zu pädagogischen Zwecken durchgeführten Leistungsfeststellungen *nicht* maßgeblich. Leistungsfeststellungen, die keiner Benotung zugeführt werden (Informationsfeststellungen), können daher in beliebiger Form und Zahl, jederzeit und unangekündigt[1] durchgeführt werden.

---

[1] Es empfiehlt sich jedoch, Informationsfeststellungen als solche zu deklarieren. Nach § 20 LBVO hat der Lehrer nämlich alle vom Schüler im betreffenden Unterrichtsjahr erbrachten Leistungen der Jahresbeurteilung zugrundezulegen. Ein Schüler könnte demnach die Einbeziehung einer Leistung in die Jahresnote begehren, wenn nicht von vornherein klargestellt war, dass diese nicht beurteilt wird.

Das Regelungsinteresse des Gesetzgebers erstreckt sich nur auf jene Prüfungen, die zu Beurteilungszwecken durchgeführt werden. Denn an diese knüpfen sich weitreichende Folgen für den Schüler, z. B. die Berechtigung oder Nichtberechtigung zum Aufsteigen, der erfolgreiche oder nicht erfolgreiche Abschluss der Schulstufe oder Schulart oder die Erteilung oder Verweigerung der Studienberechtigung. Jede benotete Leistungsfeststellung hat daher den Bestimmungen der LBVO zu entsprechen. Leistungsfeststellungen, die in der Verordnung nicht vorgesehen sind oder ihren Bestimmungen nicht entsprochen haben, sind wie Informationsfeststellungen zu klassifizieren. Der Lehrer kann aus ihnen zwar die entsprechenden pädagogischen Schlüsse (Anpassung der Lehrziele, Änderung der Unterrichtsplanung, Hinweise an die Schüler in Bezug auf eine Änderung des Lernverhaltens usw.) ziehen, darf sie jedoch nicht zur Beurteilung heranziehen.

Es ergibt sich damit folgende Übersicht:

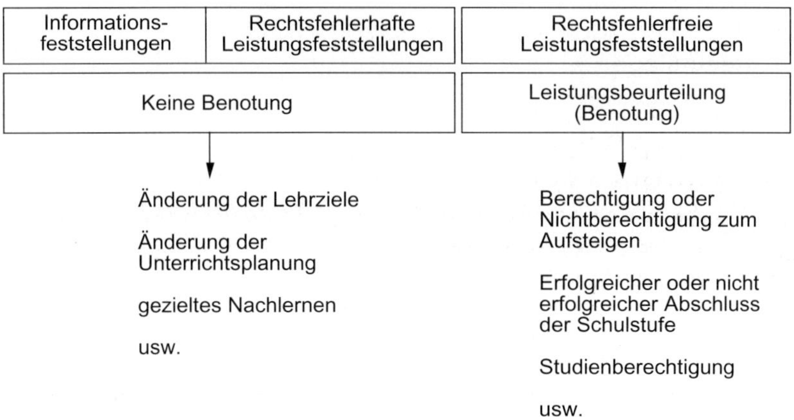

Gibt es bloße „Formfehler“?

Nicht jeder Verstoß gegen die Bestimmungen der LBVO führt jedoch dazu, dass eine Leistungsfeststellung nicht benotet werden darf. Mit Erfolg nämlich kann „die Nichteinhaltung einer Vorschrift über einen Prüfungsvorgang durch den Prüfling nur dann geltend gemacht werden [...], wenn es sich um eine im konkreten Fall *wesentliche*, d. h. eine solche Vorschrift gehandelt hat, deren Nichteinhaltung geeignet war, rechtlich relevante Interessen [des Schülers, d. Verf.] zu verletzen“ (Erk. des VwGH v. 12. 6. 1975, Zl. 1661/74).

Zu fragen ist immer, ob die Einhaltung der Vorschrift – abstrakt gesehen – zu einem für den Prüfling günstigeren Prüfungsergebnis hätte führen können. Sofern die Verordnung lediglich durch einen „Formfehler" verletzt wurde, der denkunmöglich eine nachteilige Auswirkung auf die Leistung des Schülers haben konnte, ist die Leistungsfeststellung der Beurteilung zugrunde zu legen (vgl. Jonak/Kövesi 2003, S. 799, Anm. 3).

So ist etwa unwahrscheinlich, dass eine Überschreitung der Prüfungszeitobergrenzen um einige wenige Minuten als „wesentlich" gelten wird. Stellt der Lehrer dagegen bei einer mündlichen Prüfung nur eine Frage, obwohl er mindestens zwei stellen müsste, oder stellt er Fragen zu Lehrstoffen, die im Unterricht nicht behandelt worden sind, so sind diese Mängel zweifellos wesentlich. Auch läge ein wesentlicher Verstoß vor, wenn der Lehrer die Angabe für eine Schularbeit diktiert, statt sie den Schülern, wie vorgeschrieben, in vervielfältigter Form vorzulegen.

1.2 Prüfungsinhalte und Prüfungsanforderungen

1.2.1 Rechtslage

§ LBVO § 2 Abs. 1

Der Leistungsfeststellung sind nur die im Lehrplan festgelegten Bildungs- und Lehraufgaben und jene Lehrstoffe zugrunde zu legen, die bis zum Zeitpunkt der Leistungsfeststellung in der betreffenden Klasse behandelt worden sind.

i Damit sind zwei rechtliche Grundsätze für die Bestimmung der Prüfungsinhalte und -anforderungen formuliert: das Prinzip der Maßgeblichkeit des Lehrplans und der Grundsatz der Übereinstimmung von Unterricht und Prüfung.

Maßgeblichkeit des Lehrplans

Dem Lehrer steht prinzipiell nicht völlig frei, welche Lehrziele und Lehrinhalte er den Leistungsfeststellungen zugrunde legt. Er ist an den Lehrplan gebunden. Eine solche Rückbindung ist sinnvoll, weil sie sicherstellt, dass gleiche Noten annähernd gleiche Qualifikationen repräsentieren. Die Lehrpläne enthalten freilich im Wesentlichen Richtziele. Der Lehrer hätte zwar im Einzelfall nachzuweisen, dass sich seine Prüfungstätigkeit nur auf diese Ziele bezogen hat; dieser Nachweis wird angesichts des Abstraktionsniveaus der im Lehrplan formulierten Ziele in aller Regel jedoch leicht zu erbringen sein. Der Rahmenlehrplan-Charakter erweist sich so gesehen – bei allen sonstigen Vorteilen – als problematisch, weil eine Vergleichbarkeit der Abschlüsse und Noten unter Ziel-/Inhaltsgesichtspunkten ausgesprochen erschwert ist.[1]

Übereinstimmung von Unterricht und Prüfung

Der Leistungsfeststellung sind außerdem ausschließlich die bis zum Zeitpunkt der Leistungsfeststellung in der betreffenden Klasse behandelten Lehrstoffe zugrunde zu legen. Der Gesetzgeber geht also davon aus, dass Lernen das Ergebnis von Lehren ist: *Nur was durchgenommen wurde, darf geprüft werden.*

Sicherlich wird der Lehrer auch einmal überprüfen wollen, wieweit die Schüler in der Lage sind, sich einen Lehrstoff selbst zu erarbeiten. Die nicht völlig eindeutige Formulierung, der Lehrstoff müsse in der betreffenden Klasse „behandelt" worden sein, sollte jedoch Anlass geben, zu diesem Zweck auf Informationsfeststellungen zurückzugreifen.[2]

Der Gesetzgeber lässt auch an anderer Stelle keinen Zweifel daran, dass Schülerleistungen mit Lehrerleistungen in Zusammenhang stehen. Es geht nicht nur darum, die Schüler zu prüfen, sie müssen auf die gestellten Anforderungen auch angemessen vorbereitet werden. § 17 SchUG verpflichtet den Lehrer zur Sicherung und Festigung des Unterrichtsertrags durch eine geeignete Unterrichtsmethodik und durch entsprechende Übungen; auch Hausübungen sind so vorzubereiten, dass sie ohne fremde Hilfe durchgeführt werden können.

Mangelnde Unterrichtsarbeit als Berufungsgrund?

Gleichwohl liefern weder allfällige organisatorische Mängel im Schulbereich noch eine allfällig mangelhafte Unterrichtsarbeit des Lehrers dem Schüler taugliche Berufungsgründe.[3] Der Lehrer ist

---

[1] Realiter wird eine gewisse Vergleichbarkeit allerdings durch den Rückgriff auf das die Lehrplanbestimmungen präzisierende, wenn auch für die Lehrstoffauswahl des Lehrers nicht verbindliche Lehrbuch sichergestellt. Es bleibt im Übrigen abzuwarten, welche Effekte auf das hier angesprochene Problem sich aus der Einführung so genannter „Bildungsstandards" ergeben werden (vgl. dazu kritisch Neuweg 2005).

[2] In diesem Zusammenhang stellt sich die Frage, ob Lehrstoffe aus vergangenen Schuljahren Lehrstoffe darstellen, die „bis zum Zeitpunkt der Leistungsfeststellung in der betreffenden Klasse behandelt worden sind", und die dementsprechend geprüft werden dürfen. Die Prüfung von Lehrstoffen aus vergangenen Schuljahren wird wohl nur zulässig sein, wenn sie im laufenden Unterrichtsjahr nachgeholt wurden, weil der Lehrer mit dem Lehrstoff im Vorjahr nicht fertig geworden ist, oder wenn es sich um „Basisstoff" im Falle aufbauender Lehrinhalte handelt. In allen anderen Fällen ist von einer Prüfung von „Alt-Lehrstoffen" abzuraten.

[3] Allfällige Missstände sind freilich durch die Schulaufsicht abzustellen und

nach § 17 Abs. 1 SchUG zwar sogar angehalten, „jeden Schüler nach Möglichkeit zu den seinen Anlagen entsprechenden besten Leistungen zu führen“. Der Verwaltungsgerichtshof hat jedoch festgestellt (Erk. d. VwGH vom 11. 2. 1980, Zl. 1272/78):

„Die Umstände, die zu einer Leistung geführt haben, die mit ‚Nicht genügend' beurteilt worden ist, sind im Zusammenhang mit einer Entscheidung über das Aufsteigen ohne Einfluss, mögen sie auch im schulischen Bereich liegen, insbesondere auf eine Verletzung des § 17 SchUG durch den Lehrer zurückgehen.[1] Das Gesetz bietet keinen Anhaltspunkt für die Annahme, dass in solchen Fällen von fingierten erzielbaren Leistungen auszugehen und über das Aufsteigen des Schülers positiv zu entscheiden wäre.“[2]

1.2.2 Pädagogische Erwägungen

Relevanz der Prüfungsanforderungen

Durch kaum eine andere Maßnahme kann der Lehrer Inhalt und Art der Lernanstrengungen der Schüler so stark steuern wie durch die Art und Weise, in der er prüft. Prüfungsanforderungen signalisieren dem Schüler, wie der Lehrer sein Fach auffasst, was er für wichtig hält und was unter qualitätsvollem Lernen zu verstehen ist.

Leider konzentrieren sich Anstrengungen zur Qualitätssicherung der schulischen Leistungsbeurteilung häufig nur auf die Frage, *wie* geprüft und beurteilt werden soll. Eine technisch wie sorgfältig auch immer durchgeführte Leistungsfeststellung und Leistungsbeurteilung ist jedoch vergleichsweise wertlos, wenn die geprüften Lernzie-

---

gegebenenfalls disziplinarrechtlich zu ahnden.

1 Diese Auffassung wird verständlich, wenn man sich vor Augen hält, dass Schülerleistungen immer das Ergebnis des Zusammenwirkens von Schüler und Lehrer sind und es praktisch unmöglich ist, den Lehreranteil zu isolieren. Es ist insbesondere unmöglich festzustellen, welche Leistung der Schüler erbracht hätte, wenn er vom Lehrer angemessen gefördert worden *wäre*. Zudem erfüllen Noten eine Berichtsfunktion nach außen; sie sollen den Leistungsstand des Schülers zutreffend abbilden.

2 Daher kann ein Schüler beispielsweise nichts gewinnen aus dem Vorbringen, im Fach wären 50 % der Unterrichtsstunden ausgefallen (Erk. des VwGH vom 27. 11. 1995, Zl. 94/10/0056), der Deutschlehrer, der zugleich Religion unterrichte, habe den Deutschunterricht in dem vom Schüler nicht besuchten Religionsunterricht vorgetragen (Erk. des VwGH vom 27. 6. 1994, Zl. 94/10/0020), er sei trotz starker Hörbehinderung nicht behindertengerecht unterrichtet worden (Erk. des VwGH vom 9. 7. 1992, Zl. 92/10/0023) oder die Bestimmungen des Frühwarnsystems seien nicht eingehalten worden (Erk. des VwGH vom 20. 12. 1999, Zl. 99/10/0240).

le nicht wesentlich sind. Dabei ist zu beachten, dass ein Inhalt nicht schon deshalb prüfungsbedeutsam ist, weil er im Lehrbuch vorkommt. Der Lehrer sollte Prüfungsfragen insbesondere niemals unter dem Gesichtspunkt der leichten „Abfragbarkeit" auswählen, sondern Überlegungen darüber anstellen, welche Lernziele tatsächlich prüfenswert sind.

Dies ist ohne Zweifel eine Werturteilsfrage, die der Lehrer letztlich innerhalb der Grenzen der Rahmenlehrpläne selbst beantworten muss. Eine völlig einheitliche Auffassung über die im Fach und beim jeweiligen Thema wesentlichen Lernziele wird kaum zu erreichen sein. Ein wichtiges Qualitätskriterium besteht jedoch darin, dass der Lehrer den Schülern und Dritten gegenüber erläutern kann, *warum* man das wissen oder können muss, was eine Aufgabe prüft, und warum man es *in der Form* wissen oder können muss, in der eine Aufgabe es prüft.

Eine bewusstere Auseinandersetzung mit der Relevanzfrage lässt sich über mehrere Maßnahmen erreichen:

- Bereits die Gewohnheit, die Schüler am Beginn eines neuen Themenabschnitts über die Lehrziele zu informieren, und das Bemühen, ihnen diese Ziele einsehbar zu begründen, schärft erfahrungsgemäß das Problembewusstsein.
- Sehr hilfreich ist das Anfertigen einer Checkliste zur kritischen Beurteilung der Relevanz von Prüfungsanforderungen. Ein solcher Fragenkatalog kann gleichsam das persönliche „Relevanz-Credo" des Lehrers enthalten. (Ein Beispiel findet sich im Anhang 1, S. 136.)
- Gleiches gilt für den regelmäßigen Austausch mit Fachkolleg/in-n/en darüber, welche Prüfungsanforderungen man mit welchen Gründen beim jeweiligen Themengebiet für bedeutsam hält. So kann beispielsweise der Austausch von Schularbeitsangaben und die Diskussion über die dahinter stehenden Relevanzauffassungen sehr reflexionsfördernd sein.
- Idealerweise erarbeitet eine Fachgruppe eine gemeinsame „Philosophie des Schulfaches" in Form von Mindeststandards dafür, was zu wissen und zu können ist und wie es zu wissen und zu können ist. Zum Beispiel kann versucht werden, Kernlernziele für ein „Genügend" zu definieren oder, konkreter noch, Beispielaufgaben zu konstruieren, die von einem positiv zu beurteilenden Schüler jedenfalls bewältigt werden müssten.

Sich der Relevanz-Frage zu stellen, heißt auch, das gewählte Prüfungsniveau kritisch zu überdenken. Die meisten Lehrer wollen sicherlich anspruchsvoll prüfen: Der Schüler soll „das Wesentliche" verstehen, sein Wissen auch anwenden und „in größere Zusammenhänge" einordnen, „kreativ" mit dem Gelernten umgehen können.

Offenbar prüfen die meisten Lehrer aber nicht das, was sie eigentlich prüfen möchten. Empirische Untersuchungen zeigen eine klare Dominanz von Reproduktionsaufgaben (vgl. bspw. für die kaufmännischen Fächer Krumm 1973). Solche Befunde geben Anlass zur Rückfrage nach der Praxisrelevanz der geforderten Qualifikationen. Die Frage „Was ist der Unterschied zwischen ...?" oder „Was versteht man unter ...?" wird in der Berufspraxis nur selten gestellt. Hingegen wird man dort Alltagsprobleme zu lösen haben – und dafür ist beispielsweise das Definieren bestimmter Begriffe oder das Reproduzieren von Aufzählungen bestenfalls notwendige, sicherlich aber nicht hinreichende Voraussetzung. Die Frage, ob eine Aufgabe auch wirklich auf dem Niveau prüft, auf dem der Lehrer prüfen will, bedarf daher besonderer Aufmerksamkeit.

Wichtig ist dies nicht zuletzt deshalb, weil aus den Notendefinitionen des Gesetzgebers (s. dazu S. 79 ff.) eindeutig hervorgeht, dass auch die Fähigkeit des Schülers, Gelerntes *anzuwenden*, seine *Eigenständigkeit* und sein Vermögen, *neue* Aufgaben bewältigen zu können, geprüft werden müssen! Auch viele Lehrplanformulierungen zur Zielkomponente des Unterrichts, an denen sich die Leistungsfeststellungen auszurichten haben, schreiben dies ausdrücklich vor.

Abstimmung mit dem Unterricht

Neben der Relevanz der Prüfungsanforderungen muss die Abstimmung der Prüfungsanforderungen auf den vorangegangenen Unterricht als besonders wichtiger Grundsatz pädagogischer Fairness und Professionalität gelten. Der Gesetzgeber fordert lediglich, die geprüften „Lehrstoffe" müssten „behandelt" worden sein. Dass der entsprechende Lehrstoff im Unterricht angesprochen wurde, heißt freilich noch nicht, dass der Schüler die Gelegenheit hatte, die geprüften Kompetenzen auch wirklich zu erwerben. Aus pädagogischer Sicht ist vielmehr zu fordern,

- dass auch die Prüfungsformen (mündlich, schriftlich, praktisch) mit der Arbeitsweise im Unterricht möglichst übereinstimmen,
- dass die bei der Prüfung gewährten Bearbeitungszeiten mit jenen übereinstimmen, die im Unterricht üblich waren, und vor allem

– dass der Lehrstoff im Unterricht auch auf jenem Niveau behandelt worden ist, auf dem er in der Prüfung abgefordert wird.

Letzteres heißt nicht, dass bei Prüfungen keine Problemlösungs- und Transferaufgaben gestellt werden dürften. Zwar wird der Schüler dabei mit für ihn neuartigen Aufgabenstellungen konfrontiert, die er in genau dieser Form im Unterricht nicht kennen gelernt hat. Insofern wird etwas geprüft, das nicht behandelt worden ist. Dem Grundsatz der Übereinstimmung von Unterricht und Prüfung wird man aber dadurch Rechnung tragen, dass das Problemlösen und das Vollziehen von Transfer im Unterricht hinreichend geübt werden.

Transparenz der Anforderungen

Zur pädagogischen Fairness zählt schließlich noch der Grundsatz der Transparenz der Prüfungsanforderungen. Wenn die Schüler wissen, worauf es bei Prüfungen ankommt, verbessern sich nicht nur die Lernergebnisse; Transparenz über die Prüfungsanforderungen ist zudem ein wesentliches Mittel zur Verminderung von Prüfungsängsten.

Voraussetzung für Transparenz ist jedoch, dass die Schüler nicht nur den „Stoff" kennen, der geprüft wird. Um zielorientiert lernen zu können, müssen sie auch wissen, welches konkrete Können auf welchem Niveau und in welchem Tempo von ihnen in der Prüfung gefordert wird, und ein Gefühl für den Prüfungsstil des Lehrers erwerben können.

Es wäre im Interesse der Lernsteuerung deshalb auch zu begrüßen, wenn Schüler Zugang zu allen Dokumenten hätten, die Auskunft über die vom Lehrer definierten Lehrziele geben (z. B.: Ausgabe prüfungsähnlicher Übungsaufgaben; Verfügbarmachen von Angaben alter Prüfungsarbeiten; Ausgabe mustergültiger Lösungen; Austeilen von Lernziellisten).

Informationsfeststellungen

Ausgesprochen transparenzsteigernd wirkt außerdem der regelmäßige Einsatz von Informationsfeststellungen. Dieses Instrument wird in der Praxis leider verhältnismäßig selten genutzt.[1] Die Ursache dafür dürfte u. a. im gesetzlichen Zwang bestehen, die Zeug-

---

[1] Am häufigsten werden in der Praxis vermutlich „Bankfragen" für diagnostische Zwecke verwendet, weil sie kaum aufwändigere Vorbereitungen erfordern. Allerdings werden damit nur wenige Schüler erreicht. Zudem ist ihre Beantwortung verhältnismäßig zeitaufwändig, sodass nur ein Teil der Lehrziele überprüft werden kann. Sehr zu begrüßen wären schriftliche Feststellungen mit Hinweisen, die es dem Schüler erlauben, Lücken im eigenen Wissen und Können selbstständig zu schließen. Idealerweise sollten die Schüler ihre Arbeiten selbst unter Anleitung des Lehrers korrigieren dürfen.

nisnote abzusichern. Daraus entsteht die Notwendigkeit, Noten („Belege“) zu sammeln, die – besonders bei „schlechten“ Schülern – später dazu dienen, die Entscheidung über die Jahresnote zu legitimieren.

Der verstärkte Einsatz von Informationsfeststellungen wäre aus mehreren Gründen außerordentlich wünschenswert. Schulische Leistungsbeurteilung hat, wie Lehrerhandeln überhaupt, ein sehr breites, teilweise widersprüchliches Aufgabenspektrum wahrzunehmen. Die pädagogische Aufgabe des Lehrers liegt im Vermitteln von Qualifikationen, im Unterrichten und Erziehen. Das Ziel besteht darin, den Schüler zu fördern. Daneben nimmt der Lehrer aber auch eine außerpädagogische, gesellschaftliche Aufgabe wahr, aus der sich vor allem ein Selektionsauftrag ergibt. Der Widerspruch zwischen diesen beiden Aufgaben äußert sich für den Lehrer als Rollenkonflikt: Er ist Förderer und Prüfer in Personalunion. Dadurch wird auch das Lehrer-Schüler-Verhältnis doppeldeutig; der Lehrer erscheint dem Schüler nicht nur als Freund und Helfer, der ihn auf seinem Lernweg begleitet, sondern immer auch als potenzieller „Gegner“, vor dem man Schwächen verbergen muss. Das mindert den pädagogisch-diagnostischen Informationswert vieler Leistungsfeststellungen.

Informationsfeststellungen können von diesem Rollenkonflikt entlasten. Sie haben den Vorteil, dass sie – wenn der Schüler über ihre Funktion aufgeklärt wird – in einer stressfreien Atmosphäre für den Lehrer eine Einschätzung der Qualität des Unterrichts, für den Schüler die Beurteilung seines eigenen Leistungsstandes ermöglichen. Wichtig ist daher ihr regelmäßiger Einsatz, sodass den Schülern der Nutzen diagnostischer Verfahren transparent wird.

Im Einzelnen bieten Informationsfeststellungen folgende Vorteile:

a) Dem Schüler nützen bloße Stoffangaben wenig für den zielgerichteten Einsatz seiner Lernanstrengungen. Durch Informationsfeststellungen lernt der Schüler, *gezielter* zu lernen, weil er weiß, „worauf es ankommt“.

b) Die Schaffung von Klarheit über die Prüfungsanforderungen ist eines der bedeutsamsten Instrumente zur *Reduzierung von Prüfungsängsten.*

c) Informationsfeststellungen geben dem Schüler *Feedback* über Qualität und Erfolg seiner Lernanstrengungen. Die Rückmeldung soll es ermöglichen, aus Fehlern zu lernen. Das bedeutet, dass bei Informationsfeststellungen eine Benotung nicht nur nicht nötig, sondern insoweit sogar eher hinderlich ist, als die Note über die Art der Leistung und ihre möglichen Ursachen nichts aussagt. Wichtig ist eine *inhaltliche* Rückmeldung an den Schüler, die erkennen lässt, was gut, was fehlt oder nicht richtig war und was zu tun ist, damit künftig eine bessere Leistung erzielt werden kann. Vor allem sollen dem Schüler im Anschluss an die Diagnose Lernhinweise gegeben werden, die ihm zeigen, wo und wie er noch an sich arbeiten sollte. Zumindest sollte die richtige Lösung einer Aufgabe bereitgestellt werden. Schüler können dann beispielsweise ihre Ausarbeitungen gegenseitig korrigieren, ohne dass der Lehrer sie unbedingt einsehen muss.

d) Leistungsfeststellung *bewertet* nicht nur die Fähigkeiten des Schülers, sondern immer auch die *Qualität der Instruktion.* Aus Informationsfeststellungen kann der Lehrer Schlussfolgerungen über den Erfolg seines methodischen Vorgehens oder seine Fähigkeit, die Schüler zu motivieren, ziehen. Welche Unterrichtsziele wurden noch nicht erreicht, wo ist eine eingehendere Behandlung oder Wiederholung erforderlich? Besonders über den Rückschluss von Fehlern in Schülerantworten und -lösungen auf die Verständnis- (oder Unverständnis-)prozesse der Schüler lassen sich wertvolle Aufschlüsse gewinnen. Vor allem in „aufbauenden" Fächern ist eine permanente Rückkoppelung erforderlich, um kumulative Lerndefizite einzelner Schüler zu verhindern.

e) Informationsfeststellungen bieten Lehrern, Eltern und Schülern noch vor Eintritt des „Ernstfalles" die Möglichkeit, gemeinsam über *Interventionsstrategien* zu beraten, und sind insofern wichtige Frühwarninstrumente.

1.3 Weitere rechtliche Bestimmungen zur Leistungsfeststellung

Unterrichtsschonendes Prüfen

§ LBVO § 2 Abs. 2

Die Leistungsfeststellungen sind möglichst gleichmäßig über den Beurteilungszeitraum zu verteilen.

i Es sind insbesondere Zusammenballungen gegen Semesterende zu vermeiden. Diese Bestimmung ist nicht nur unter dem Aspekt einer gleichmäßigeren und damit schonenderen Belastung der Schüler zu begrüßen. Sie sichert auch, dass das Prüfungswesen den gewöhnlichen Fortlauf des Unterrichts in möglichst geringem Ausmaß stört (vgl. dazu auch § 5 Abs. 5 LBVO, demzufolge für mündliche Prüfungen möglichst nicht der überwiegende Teil der Stunde aufgewendet werden soll).

Nutzen für die Mitschüler

§ LBVO § 2 Abs. 6

Die Feststellung der Leistungen der einzelnen Schüler ist in den Unterricht so einzubauen, dass auch die übrigen Schüler der Klasse aus der Leistungsfeststellung Nutzen ziehen können.

i Diese Bestimmung ist vor allem für die Mitarbeitsfeststellung und die Durchführung mündlicher Prüfungen und praktischer bzw. graphischer Leistungsfeststellungen relevant. Die Vergabe von „Stillbeschäftigungen" für die übrigen Schüler der Klasse findet in der Verordnung demnach keine Deckung.

Prüfungsfreie Zeiten

§ LBVO § 2 Abs. 7

Leistungsfeststellungen sind während des Unterrichtes durchzuführen. Dies gilt nicht für Wiederholungs- und Nachtragsprüfungen. Schularbeiten für einzelne Schüler[1] dürfen auch außerhalb des Unterrichtes nachgeholt werden.

Leistungsfeststellungen sind integrierende Bestandteile der Unterrichtsarbeit und daher grundsätzlich während des Unterrichts durchzuführen. Das heißt auch, dass sie mit dem Pausenläuten zu beenden sind, und zwar auch dann, wenn dem Schüler durch eine „Zusatzfrage" eventuell geholfen wäre.

§ LBVO § 2 Abs. 8

An den letzten drei Unterrichtstagen vor einer Beurteilungskonferenz[2] ist die Durchführung einer Leistungsfeststellung nur mit Zustimmung des Schulleiters zulässig. Der Schulleiter darf diese

---

1 Zu Schularbeiten für einzelne Schüler kommt es durch die Bestimmung, dass ein Schüler, der mehr als die Hälfte der Schularbeiten im Semester versäumt hat, eine Schularbeit nachzuholen hat, sofern dafür im betreffenden Semester Zeit ist (§ 7 Abs. 9 LBVO).

2 Die Beurteilungskonferenz als Klassenkonferenz umfasst alle Lehrer einer Klasse unter dem Vorsitz des Schulleiters oder eines von ihm beauftragten Lehrers, in der Regel des Klassenvorstandes. Sie befindet am Mittwoch, Donnerstag oder Freitag der vorletzten Woche des Unterrichtsjahres darüber,

Zustimmung nur dann erteilen, wenn wichtige Gründe hiefür vorliegen. Diese Bestimmung findet auf die Berufsschulen keine Anwendung.

ℹ Als wichtiger Grund gilt etwa die Erkrankung des Lehrers oder des Schülers in der letzten Zeit vor diesem Termin.

Feedback

§ LBVO § 2 Abs. 5

Die Leistungsfeststellungen haben auf das Vertrauensverhältnis zwischen Lehrern, Schülern und Erziehungsberechtigten Bedacht zu nehmen und zur sachlich begründeten Selbsteinschätzung hinzuführen.

ℹ Dies wird vor allem zur Voraussetzung haben, dass der Lehrer durch differenzierte Rückmeldung seine Urteile begründet. Dem trägt auch die Bestimmung Rechnung, dass dem Schüler die für die Beurteilung maßgeblichen Vorzüge und Mängel seiner Leistung bekannt zu geben sind, ohne ihn jedoch zu entmutigen oder seine Selbstachtung zu beeinträchtigen (vgl. § 11 Abs. 3 LBVO).

Behinderung und gesundheitliche Gefährdung

§ LBVO § 2 Abs. 4

Eine Leistungsfeststellung ist insoweit nicht durchzuführen, als feststeht, dass der Schüler wegen einer körperlichen Behinderung eine entsprechende Leistung nicht erbringen kann oder durch die Leistungsfeststellung gesundheitlich gefährdet ist.[1]

ℹ Schüler, die sich prüfungsunfähig fühlen, müssen dies – sofern die Prüfungsunfähigkeit nicht auch für einen medizinischen Laien erkennbar ist – rechtzeitig bekannt geben. Andernfalls haben sie das Prüfungsergebnis, auch wenn es negativ ist, zu ak-

---

ob ein Schüler zum Aufsteigen berechtigt ist bzw. die letzte Schulstufe erfolgreich abgeschlossen hat.

1 „Mangelndes Selbstvertrauen" ist keine taugliche Begründung für den Nichtantritt zu einer Leistungsfeststellung (Erk. des VwGH vom 16. 12. 1996, Zl. 96/10/0095). Es handelt sich dabei um keinen relevanten gesundheitsbedingten Grund. Auch das Empfinden eines „speziellen Prüfungsdrucks" lässt sich unter § 2 Abs. 4 der LBVO nicht subsumieren (Erk. des VwGH vom 6. 5. 1996, Zl. 95/10/0086).

zeptieren. Erfahrungsgemäß ist, wer sich selbst für prüfungsfähig hält, tatsächlich prüfungsfähig.[1]

§ LBVO § 11 Abs. 8

Schüler, bei denen hinsichtlich der Leistungsfeststellung § 2 Abs. 4 anzuwenden ist, sind entsprechend den Forderungen des Lehrplanes unter Bedachtnahme auf den wegen der körperlichen Behinderung bzw. auf die gesundheitliche Gefährdung erreichbaren Stand des Unterrichtes zu beurteilen, soweit die Bildungs- und Lehraufgabe des betreffenden Unterrichtsgegenstandes grundsätzlich erreicht wird.

i Auf die individuelle Beeinträchtigung ist also bei der Beurteilung Rücksicht zu nehmen. Dabei muss die Bildungs- und Lehraufgabe des betreffenden Unterrichtsgegenstandes jedoch grundsätzlich erfüllt werden. Definiert der Lehrplan für den Pflichtgegenstand Deutsch also zum Beispiel die Rechtschreibung als ein wichtiges Kriterium der Sprachbeherrschung, dann kann auch ein legasthenisches Kind[2] nicht von der Verpflichtung, rechtschreiben zu lernen, befreit werden.

---

[1] Vgl. die Informationsblätter zum Schulrecht, Teil 3, hrsg. v. Bundesministerium für Bildung, Wissenschaft und Kultur, S. 25.

[2] Zum speziellen Problem der Lese-/Rechtschreibschwäche bzw. Legasthenie vgl. neben dem Erlass des bm:bwk (Rundschreiben Nr. 32/2001, Zl. 36.200/38-SL V/2001) die Handreichung unter www.schulpsychologie.at.

2 Formen der Leistungsfeststellung

Verfügbare Prüfungsinstrumente

§ LBVO § 3 Abs. 1

Der Leistungsfeststellung zum Zweck der Leistungsbeurteilung dienen:

a) die Feststellung der Mitarbeit der Schüler im Unterricht,

b) besondere mündliche Leistungsfeststellungen,

aa) mündliche Prüfungen,

bb) mündliche Übungen,

c) besondere schriftliche Leistungsfeststellungen,

aa) Schularbeiten,

bb) schriftliche Überprüfungen (Tests, Diktate),

d) besondere praktische Leistungsfeststellungen

e) besondere graphische Leistungsfeststellungen.

i Für die Leistungsbeurteilung stehen ausschließlich die hier genannten Formen der Leistungsfeststellung zur Verfügung. Das bedeutet: Jeder Prüfungsakt in der Schule muss einer der eben genannten Formen zugeordnet werden können. Danach bemisst sich, welchen konkreten rechtlichen Bestimmungen der Prüfungsvorgang unterworfen ist.

Mischformen

§ LBVO § 3 Abs. 2

Die Einbeziehung praktischer und graphischer Arbeitsformen, z. B. die Arbeit am Computer oder projektorientierte Arbeit, in mündliche und schriftliche Leistungsfeststellungen ist zulässig. Bei praktischen Leistungsfeststellungen ist die Einbeziehung mündlicher, schriftlicher, praktischer und graphischer Arbeitsformen zulässig.

i Es ist demnach zu unterscheiden zwischen besonderen mündlichen, schriftlichen, praktischen und graphischen *Leistungsfeststellungen* einerseits und in diese einbezogenen mündlichen, schriftlichen, praktischen und graphischen *Arbeitsformen* andererseits.

Die Möglichkeit der Einbeziehung verschiedener Arbeitsformen in besondere Leistungsfeststellungen dient der Flexibilisierung der Leistungsfeststellung und trägt der Tatsache Rechnung, dass ganzheitliche Lernformen mehr und mehr an Bedeutung gewinnen.[1]

Wahl der Prüfungsform

§ LBVO § 2 Abs. 3

Die vom Lehrer jeweils gewählte Form der Leistungsfeststellung ist dem Alter und dem Bildungsstand der Schüler, den Erfordernissen des Unterrichtsgegenstandes, den Anforderungen des Lehrplanes und dem jeweiligen Stand des Unterrichtes anzupassen.

Kombination der Formen zur Ermittlung der Semester- bzw. Jahresnote

Bei der Festlegung des Beurteilungsmodells in einem Unterrichtsgegenstand sind die folgenden Bestimmungen zu beachten:

§ LBVO § 3 Abs. 3 und 4

(3) Besondere schriftliche Leistungsfeststellungen *dürfen nie für sich allein oder gemeinsam die alleinige Grundlage einer Semester- bzw. Jahresbeurteilung sein.*

(4) Unbeschadet einer allfälligen mündlichen Prüfung auf Wunsch des Schülers (§ 5 Abs. 2 LBVO) *sind zum Zweck der Leistungsbeurteilung über die Leistungsfeststellung auf Grund der Mitarbeit der Schüler im Unterricht und über die lehrplanmäßig vorgeschriebenen Schularbeiten hinaus nur so viele mündliche und schriftliche Leistungsfeststellungen vorzusehen, wie für eine sichere Leistungsbeurteilung für ein Semester oder für eine Schulstufe unbedingt notwendig sind.*

i Der Gesetzgeber gibt der Feststellung der Mitarbeit als Form der kontinuierlichen Leistungsfeststellung eindeutig den Vor-

---

[1] Sie ist jedoch auch problematisch, weil zweifelhaft werden kann, welche Form von Leistungsfeststellung im Einzelfall vorliegt und welche rechtlichen Bestimmungen der LBVO daher gelten. So muss etwa eine mündliche Prüfung nach § 5 LBVO zwei Tage vorher angekündigt werden und aus mindestens zwei Fragen bestehen; diese Bestimmungen gelten für praktische Leistungsfeststellungen nicht. Es ist daher denkbar, dass eine mündliche Prüfung als praktische Leistungsfeststellung unter Beimengung mündlicher Arbeitsformen maskiert wird, um die Bestimmungen des § 5 LBVO zu umgehen.

zug vor punktuellen Formen der Leistungsfeststellung. Daher unterliegen die besonderen Formen der Leistungsfeststellung generellen und besonderen Einsatzbeschränkungen.

Für die Kombination der Formen der Leistungsfeststellung durch den Lehrer ergibt sich folgende Rechtslage:

a) Die Mitarbeit des Schülers ist in *allen* Unterrichtsgegenständen festzustellen.

b) In Gegenständen, in denen der Lehrplan keine Schularbeiten vorsieht, kann der Lehrer grundsätzlich mit der Feststellung der Mitarbeit das Auslangen finden.

c) In Gegenständen, in denen der Lehrplan Schularbeiten vorsieht, sind diese zusätzlich zur Feststellung der Mitarbeit in der lehrplanmäßig vorgesehenen Zahl und Dauer durchzuführen.

d) Darüber hinaus ist der Schüler in jedem Pflichtgegenstand einmal im Semester[1] mündlich (in Unterrichtsgegenständen mit überwiegend praktischer Tätigkeit auch: praktisch) zu prüfen, wenn er eine solche Prüfung verlangt (§ 5 Abs. 2 u. § 9 Abs. 2 LBVO; s. S. 43 f. u. 75 f.). So genannte „Entscheidungsprüfungen" bei drohendem „Nicht genügend" müssen nicht durchgeführt werden!

e) Wenn auf Grund vorgetäuschter Leistungen eine sichere Semester- oder Jahresbeurteilung nicht möglich ist, ist eine Semesterstoffprüfung durchzuführen (§ 11 Abs. 4 LBVO; s. S. 91 f.).

f) Wenn sich infolge längeren Fernbleibens des Schülers vom Unterricht oder in ähnlichen Ausnahmefällen eine sichere Beurteilung für die ganze Schulstufe nicht treffen lässt, ist eine Feststellungsprüfung (§ 20 Abs. 2 SchUG) durchzuführen.[2]

g) Über die Feststellung der Mitarbeit, allenfalls lehrplanmäßig vorgesehene Schularbeiten und allenfalls durchzuführende mündliche Prüfungen oder Feststellungsprüfungen hinaus dürfen mündliche Prüfungen und Übungen, schriftliche Überprüfungen, praktische und graphische Leistungsfeststellungen nur durchgeführt werden, wenn dies für eine sichere Leistungsbeurteilung für ein Semester oder für eine Schulstufe *unbedingt* notwendig ist

---

[1] In saisonmäßigen und lehrgangsmäßigen Berufsschulen einmal im Unterrichtsjahr.

[2] Sofern nicht die Durchführung einer Nachtragsprüfung in Betracht kommt (s. S. 102 ff.).

(§ 3 Abs. 4, § 9 Abs. 2 und § 10 LBVO).[1] Der Lehrer darf Prüfungen also nicht nach bloßem Belieben ansetzen, sondern muss sorgfältig abwägen, ob ihr Einsatz erforderlich ist.[2]

Gleichwertigkeitsgebot und Gewichtungskriterien

§ LBVO § 3 Abs. 5

Unter Beachtung der Bestimmung des Abs. 4 sind die in Abs. 1 genannten Formen der Leistungsfeststellung als gleichwertig anzusehen. Es sind jedoch Anzahl, stofflicher Umfang und Schwierigkeitsgrad der einzelnen Leistungsfeststellungen mit zu berücksichtigen.

§ LBVO § 20

Den Beurteilungen der Leistungen eines Schülers in einem Unterrichtsgegenstand für eine ganze Schulstufe hat der Lehrer alle vom Schüler im betreffenden Unterrichtsjahr erbrachten Leistungen zugrunde zu legen, wobei dem zuletzt erreichten Leistungsstand das größere Gewicht zuzumessen ist. Dabei sind die fachliche Eigenart des Unterrichtsgegenstandes und der Aufbau des Lehrstoffes zu berücksichtigen.

i Die einzelnen Formen der Leistungsfeststellung sind grundsätzlich *gleichwertig*. Mit Nachdruck ist daher darauf hinzuweisen, dass die vielfach zu beobachtende Praxis einer Überbetonung vor allem der Schularbeiten gegenüber der Feststellung der Mitarbeit keine rechtliche Deckung findet. Beispielsweise kann eine positive Mitarbeit negativ beurteilte Tests und Schularbeiten im Einzelfall durchaus kompensieren!

Das heißt nicht, dass jede einzelne Leistungsfeststellung das gleiche Gewicht hat. Maßgeblich für Ungleichgewichtungen ist aber niemals die angewendete Prüfungsform. Zu beachten sind vielmehr die folgenden Kriterien:

– Anzahl,

---

1 Für einige dieser Formen gibt es darüber hinaus besondere Einsatzbeschränkungen, auf die im Fortlauf der Darstellung noch hingewiesen wird.

2 Steht jedoch von vornherein fest, dass über die Feststellung der Mitarbeit und die Schularbeiten hinaus mündliche Leistungsfeststellungen und schriftliche Überprüfungen unbedingt notwendig sind, können diese während des ganzen Unterrichtsjahres und nicht nur zum Ende eines Beurteilungsabschnittes erfolgen (Jonak/Kövesi 2003, S. 802, Anm. 11).

- Stoffumfang,
- Schwierigkeitsgrad und
- (inbesondere in „aufbauenden" Gegenständen) Zeitpunkt der Leistungsfeststellung.

Die Bedeutung der die Gleichwertigkeit einschränkenden Kriterien des Stoffumfanges und des Schwierigkeitsgrades verdeutlicht ein Erkenntnis des VwGH (10. 6. 1985, Zl. 84/10/0278). Ein Schüler hatte unter anderem die Unrichtigkeit einer auf „Nicht genügend" lautenden Beurteilung im Pflichtgegenstand Chemie behauptet. Sowohl der LSR als erste Instanz als auch der BMU als zweite Instanz hatten die Berufung abgewiesen. Ein mit „Nicht genügend" beurteilter Test hatte dem BMU jedoch nicht vorgelegen. Der BMU argumentierte, dass die Richtigkeit der Beurteilung des Tests zwar nicht überprüfbar gewesen sei, aber auch eine allfällig positive Beurteilung dieses Tests angesichts des negativen Gesamtleistungsbildes nichts an der negativen Jahresnote geändert hätte.

Der VwGH teilte diese Auffassung nicht: Der BMU hätte den Test einsehen müssen, um Stoffumfang und Schwierigkeitsgrad überprüfen zu können, „da nicht von vornherein ausgeschlossen werden kann, dass eine Beurteilung des Tests mit ‚Genügend' (wobei auch eine bessere Note nicht undenkbar ist) unter *Bedachtnahme* auf dessen Umfang und Schwierigkeitsgrad [...] zu einer günstigeren Beurteilung der Leistungen des Beschwerdeführers im Pflichtgegenstand Chemie für die ganze Schulstufe geführt hätte."

Das bedeutet also: Der Test hätte so schwierig und/oder stofflich umfangreich sein können, dass schon ein „Genügend" auf diesen Test zu einer positiven Jahresnote hätte führen und die Minderleistungen bei anderen Leistungsfeststellungen kompensieren können!

Es ist deshalb rechtlich unzulässig (und im Übrigen auch fachdidaktisch fragwürdig), die Jahresnote durch die bloße Bildung des Mittelwertes aus Einzelnoten zu ermitteln, da diese Vorgangsweise unterschiedliche Stoffumfänge, Schwierigkeitsgrade und Durchführungszeitpunkte einzelner Leistungsfeststellungen nicht berücksichtigt.

Grundsätze der Leistungsfeststellung: Das Wichtigste in Kürze

- nur in der LBVO vorgesehene und rechtskonform durchgeführte Leistungsfeststellungen dürfen benotet werden
- Grundlage: Bildungs- und Lehraufgaben gemäß Lehrplan und nur jene Lehrstoffe, die bis zum Zeitpunkt der Leistungsfeststellung behandelt worden sind
- alle Formen der Leistungsfeststellung sind gleichwertig, es sind aber Anzahl, Stoffumfang, Schwierigkeitsgrad und Zeitpunkt zu berücksichtigen
- Mitarbeitsnote in jedem Gegenstand zu erheben, Beschränkung auf schriftliche Leistungsfeststellungen alleine unzulässig
- neben Mitarbeitsfeststellung und Schularbeiten nur so viele andere Leistungsfeststellungen wie unbedingt notwendig
- möglichst gleichmäßig über das Semester verteilt
- Durchführung während des Unterrichts mit Nutzen für die gesamte Klasse (Ausnahme: Wiederholungs- und Nachtragsprüfungen, Schularbeiten für einzelne Schüler)
- nicht an den letzten drei Tagen vor der Beurteilungskonferenz (außer Schulleiter/in stimmt zu)

Aus pädagogischer Sicht außerdem:

- sorgfältige Auswahl der zu prüfenden Ziele und Inhalte unter dem Aspekt ihrer Bedeutsamkeit
- Prüfung nicht nur auf dem Reproduktionsniveau
- enge Abstimmung von Unterricht und Prüfungsanforderungen
- maximale Transparenz der Prüfungsanforderungen für die Schüler
- verstärkter Einsatz nicht benoteter Informationsfeststellungen

3 Die Feststellung der Mitarbeit der Schüler im Unterricht

Die Gewichtung der „Mitarbeitsnote" in der Praxis steht in einem auffälligen, ja oft rechtswidrigen Missverhältnis zu ihrer im Schulrecht vorgesehenen Bedeutung. Die Feststellung der Mitarbeit ist in *jedem* Unterrichtsgegenstand durchzuführen und kann, sofern lehrplanmäßig keine Schularbeiten vorgesehen sind, sogar alleinige Grundlage einer Semester- oder Jahresbeurteilung sein. Sie ist den anderen Formen der Leistungsfeststellung außerdem *gleichwertig*.

Das Ziel des Gesetzgebers besteht darin, die Benotung nicht in erster Linie von punktuellen Prüfungen abhängig zu machen, sondern möglichst viele Beobachtungsdaten in die Zeugnisnote miteinzubeziehen, um so ein Gegengewicht vor allem zu den mündlichen Prüfungen und Schularbeiten zu schaffen. In der früheren Bezeichnung der Mitarbeitsfeststellung als „ständige Beobachtung der Mitarbeit im Unterricht" kam dies besonders deutlich zum Ausdruck.

Folgerichtig hat der Lehrer in die Mitarbeitsfeststellung den *Gesamtbereich der Unterrichtsarbeit* miteinzubeziehen. Lediglich punktuelles Feststellen der Mitarbeit, etwa durch „Bankfragen" oder schriftliche Arbeitsformen, widerspricht also der Grundintention einer unterrichtsbegleitenden Leistungsfeststellung.

Gegenstand der Mitarbeitsfeststellung

LBVO § 4 Abs. 1, erster Satz

Die Feststellung der Mitarbeit des Schülers im Unterricht umfasst den Gesamtbereich der Unterrichtsarbeit in den einzelnen Unterrichtsgegenständen und erfasst:

a) in die Unterrichtsarbeit eingebundene mündliche, schriftliche, praktische und graphische Leistungen,

b) Leistungen im Zusammenhang mit der Sicherung des Unterrichtsertrages einschließlich der Bearbeitung von Hausübungen,

c) Leistungen bei der Erarbeitung neuer Lehrstoffe[1],

---

[1] Die Feststellung der Mitarbeit umfasst im Gegensatz zu den besonderen Formen der Leistungsfeststellung nicht nur die objektive Leistung, z. B. im Rahmen von Übungen und Hausübungen, sondern auch das *subjektive Bemühen*, z. B. bei der Beteiligung an der Erarbeitung neuer Lehrstoffe (vgl. Fank-

d) *Leistungen im Zusammenhang mit dem Erfassen und Verstehen von unterrichtlichen Sachverhalten,*

e) *Leistungen im Zusammenhang mit der Fähigkeit, Erarbeitetes richtig einzuordnen und anzuwenden.*

Die Feststellung der Mitarbeit umfasst also *alle* Leistungen von Schülern im Unterricht und im Rahmen von Hausübungen (mit Ausnahme der bei Informationsfeststellungen erbrachten Leistungen), also z. B. Leistungen bei Lehrstoffwiederholungen, die aktive Mitarbeit bei der Erarbeitung neuen Lehrstoffes, die Führung der Übungshefte, das Ausfüllen von Texten in Schulbüchern, Rechnungen an der Tafel usw.

Den Bestimmungen zur Feststellung der Mitarbeit ist nicht zu entnehmen, dass sich diese auf das Melden zur mündlichen Mitarbeit beschränken dürfe. Es ist auch nicht gestattet, anstelle der Feststellung der Mitarbeit von den Ergebnissen anderer Leistungsfeststellungen auf die Mitarbeit rückzuschließen (Erk. des VwGH vom 9. 3. 1981, Zl. 10/3420/80[1]).

Die Einbeziehung des (durch die Verhaltensnote zu beurteilenden) Verhaltens in die Leistungsbeurteilung ist grundsätzlich untersagt. Auch die Mitarbeitsfeststellung hat daher ausschließlich *Leistungen* des Schülers zu erfassen, *nicht* aber sein *Verhalten.* Sie dient nicht als Disziplinierungsmittel.

---

hauser 1992/93, S. 27). Eine negative Wertung falscher Antworten bei der Erarbeitung neuer Lehrstoffe würde die aktive Mitarbeit ja geradezu unterbinden.

1 Die belangte Behörde hatte unzulässigerweise argumentiert, „dass es angesichts der dokumentarisch belegten mangelnden Kenntnisse des Schülers unwahrscheinlich und jeder pädagogischen Erfahrung widersprechend wäre, dass die aus der ständigen Beobachtung der Mitarbeit des Schülers gewonnene Beurteilung wesentlich besser sein sollte“ als die Leistungen auf die Schularbeiten und die mündlichen Prüfungen.

Hinsichtlich der Hausübungen ist zu beachten (§ 17 Abs. 2 SchUG):[1]

Hausübungen

- Hausübungen können, müssen den Schülern aber nicht aufgetragen werden.
- Die Hausübungen sind so vorzubereiten, dass sie von den Schülern ohne Hilfe anderer durchgeführt werden können. Sie dienen keinesfalls dazu, Mängel in der Unterrichtsplanung (der Lehrer „kommt mit seinem Stoff nicht durch") auszugleichen.
- Bei der Bestimmung des Ausmaßes ist auf die Belastbarkeit der Schüler, insbesondere auf die Zahl der Unterrichtsstunden an den betreffenden Schultagen, die in den übrigen Unterrichtsstunden gestellten Hausübungen und allfällige Schulveranstaltungen Bedacht zu nehmen. Eine diesbezüglich koordinierende Funktion kommt dem Klassenvorstand zu (§ 54 Abs. 2 SchUG).
- Hausübungen, die (auch nur in Teilen) an Samstagen, Sonntagen oder Feiertagen oder während der Weihnachtsferien, der Semesterferien, der Osterferien, der Pfingstferien oder der Hauptferien erarbeitet werden müssten, dürfen – ausgenommen an lehrgangsmäßigen Berufsschulen – nicht aufgetragen werden.

Gruppen- und Partnerarbeit

§ LBVO § 4 Abs. 1, zweiter Satz

Bei der Mitarbeit sind Leistungen zu berücksichtigen, die der Schüler in Alleinarbeit erbringt, und Leistungen des Schülers in der Gruppen- und Partnerarbeit.

i Bei Partner- oder Gruppenarbeiten ist jedoch die Leistung des einzelnen Schülers zu beurteilen, nicht die Leistung der Gruppe bzw. des Partners (RdS 1986, S. 118).

---

[1] Von einer Hausübung im Sinne des § 17 Abs. 2 SchUG kann nur gesprochen werden, wenn sie verpflichtenden Charakter hat (was im Zweifelsfall anzunehmen ist, wenn der Lehrer die Bearbeitung nicht ausdrücklich freistellt) oder für die Leistungsfeststellung herangezogen wird. Wenn der Lehrer dem Schüler die Bearbeitung freistellt und die Hausübung nicht zur Leistungsbeurteilung heranzieht, ist er an die Einschränkungen des § 17 Abs. 2 nicht gebunden (vgl. Erk. des VwGH vom 25. 6. 1992, Zl. 91/09/0162).

Aufzeichnungen und Benotung

§ LBVO § 4 Abs. 2 und 3

(2) Einzelne Leistungen im Rahmen der Mitarbeit sind nicht gesondert zu benoten.

(3) Aufzeichnungen über diese Leistungen sind so oft und so eingehend vorzunehmen, wie dies für die Leistungsbeurteilung erforderlich ist.

i Art und Häufigkeit der Aufzeichnungen sind weder im SchUG noch in der LBVO festgelegt. Das Führen dieser Aufzeichnungen ist jedoch Dienstpflicht. Bedenkt man, dass der Lehrer es in Gegenständen, in denen keine Schularbeiten vorgesehen sind, alleine bei der Mitarbeitsfeststellung belassen kann, und dass diese jedenfalls den anderen Formen der Leistungsfeststellung gleichwertig ist, dann werden umfangreiche und detaillierte Aufzeichnungen zu fordern sein. Im Falle einer Erkrankung des Lehrers sind sie außerdem für den dann die Beurteilung übernehmenden Kollegen von größter Bedeutung. In einem allfälligen Rechtsmittelverfahren, in dem eine negative Jahresgesamtnote überprüft wird, werden die Aufzeichnungen außerdem bei der Abfassung der Stellungnahme des Lehrers wertvolle Hilfe leisten.

Die einzelnen Leistungen sind aufzuzeichnen, jedoch nicht gesondert zu benoten. Die Aufzeichnungen sind erst am Semesterende zu *einer* „Mitarbeitsnote" zu verdichten. Während des Semesters hat der Lehrer die Leistungen also nur festzustellen, nicht aber zu beurteilen.[1] Es handelt sich bei der „Mitarbeitsnote" folglich um eine *Zeitraumnote*. Sie bewertet das Gesamtbild der mündlichen, schriftlichen, praktischen und graphischen Leistungen des Schülers im Unterricht und bei der Bearbeitung von Hausübungen.

Information des Schülers

Für die Feststellung der Mitarbeit bestehen, im Gegensatz zu den besonderen Formen der Leistungsfeststellung, bezüglich der Bekanntgabe der Beurteilungen keine Bestimmungen. Da Leistungsfeststellungen aber zur sachlich begründeten Selbsteinschätzung des Schülers führen sollen und mit Blick auf die Möglichkeit des Schülers, sich durch eine mündliche Wunschprüfung verbessern zu können, muss auch die Bewertung der Mitarbeit für die Schüler transparent sein. Im Übrigen hat nach § 11 Abs. 3a LBVO eine In-

[1] Freilich unterzieht der Lehrer die Mitarbeitsfeststellungen schon alleine dadurch einer Beurteilung, dass er sie aufzeichnet. Die in der Praxis dabei angewendeten Verfahren (z. B. „Plus" und „Minus") haben durchaus notenähnlichen Charakter.

formation über den Leistungsstand auf Wunsch des Schülers oder der Erziehungsberechtigten zu erfolgen.

Die pädagogische Problematik der laufenden „Beobachtung"

Die Konzeption der Mitarbeitsnote als Zeitraumnote, die den Gesamtbereich der Unterrichtsarbeit umfasst, ist nicht unproblematisch. Zwar liegt der entscheidende Vorteil einer laufenden Beobachtung darin, dass sie sich auf „natürliches" Verhalten stützt; sie setzt den Schüler nicht einer künstlichen und konstruierten, ritualisierten Prüfungssituation aus und kann so dazu beitragen, Angst zu reduzieren. Eine Vielzahl erhobener Einzeldaten macht die Leistungsfeststellung außerdem zuverlässiger.

Die auf den ersten Blick „pädagogisch" anmutende Dauerbeobachtung ist dennoch problematisch. Eine periodisch vorgenommene Eintragung des Lehrers, die über die Mitarbeit der letzten Wochen bilanziert und den „Gesamtbereich der Unterrichtsarbeit" einbezieht, überfordert nicht nur das Merkvermögen des Lehrers,[1] sondern begünstigt auch das Durchschlagen von Einstellungen und Vorurteilen. Praktisch wird die Feststellung der Mitarbeit daher in hohem Ausmaß doch wieder punktuell sein müssen, sich also etwa auf das Verhalten bei der Lösung von Übungsbeispielen im Unterricht, die Hausübungen und „Bankfragen" konzentrieren. Eine permanente „Beobachtung" trüge im Übrigen auch unpädagogische Züge, weil es damit praktisch keine beurteilungsfreie Unterrichtszeit mehr gibt, in der Lehrer und Schüler echte Lernpartner sein können – und wie kann man „jemandem vertrauen, der sozusagen von Amts wegen dazu angehalten wird, jede Äußerung unter Leistungsaspekt zu beurteilen?" (Schneider 1982, S. 405). Es besteht die Gefahr, dass die „dauerbeobachteten" Schüler im Lehrer überwiegend den Beurteiler, nicht den Förderer sehen, und versuchen, ihn über Leistungsdefizite zu täuschen.

[1] So weist Schneider (1982, S. 401) in diesem Zusammenhang darauf hin, dass in der betriebswirtschaftlichen Literatur die Kontrollspanne für leitende Arbeitsplätze mit sechs bis max. 15 angegeben wird, vom Lehrer stündlich aber mindestens das Doppelte, täglich mindestens das Sechsfache verlangt wird. Wohl weil eine „ständige Beobachtung" im strengen Sinn weder möglich noch sinnvoll ist, spricht der Gesetzgeber nunmehr von „Feststellung".

Empfehlungen

Es sei daher für die Feststellung der Mitarbeit Folgendes empfohlen:

- Die „Mitarbeitsnote“ ist eine tragende Säule der Leistungsbeurteilung. Sie dient keinesfalls nur als „Zünglein an der Waage“, falls der Schüler auf einer „Zwischennote“ steht. Die Mitarbeitsfeststellung sollte daher genau so sorgfältig geplant und dokumentiert werden wie die anderen Formen der Leistungsfeststellung.
- Den Schülern sollte bereits am Beginn des Schuljahres erläutert werden, welche Teilleistungen in welcher Gewichtung in die Mitarbeitsnote einbezogen werden und wie die Mitarbeitskomponente relativ zu den besonderen Formen der Leistungsfeststellung insgesamt gewichtet wird.
- Bei der Feststellung der Mitarbeit beurteilt der Lehrer häufig mündliche Leistungen. Damit entsteht ein massives Objektivitäts-, Validitäts- und Reliabilitätsproblem (vgl. dazu die Ausführungen zum mündlichen Prüfen, S. 44 ff.). Außerdem werden introvertierte Schüler dabei benachteiligt. Die Feststellung der Mitarbeit sollte sich daher, und dies gebietet auch die Verordnung, nicht ausschließlich auf mündliche Leistungen stützen.
- Hausübungen als schriftliche Leistungen werfen die mit mündlichen Leistungsfeststellungen verbundenen Objektivitätsprobleme in geringerem Maße auf, ihre Qualität hängt aber von vielen außerschulischen Komponenten ab (z. B. Möglichkeit des ungestörten Arbeitens, Unterstützung durch Eltern und Nachhilfelehrer, Belastung durch Mitarbeit im elterlichen Betrieb). Sie sollten daher nicht übergewichtet werden.
- Das Dilemma zwischen Fördern und Beurteilen sollte mit den Schülern besprochen werden. Gerade bei der Feststellung der Mitarbeit äußert es sich besonders deutlich. Eine Möglichkeit, mit diesem Dilemma umzugehen, besteht darin, Beurteilungssituationen eindeutig als solche zu kennzeichnen, Fördern und Beurteilen organisatorisch zu trennen. Z. B.: Einmal pro Woche wird zu Zwecken der Beurteilung wiederholt; Signal für das Ende der Beurteilungssituation ist das Schließen des Kataloges. Oder: Es wird vereinbart, dass vierzehntägig zehnminütige schriftliche Feststellungen der Mitarbeit erfolgen. (Vgl. Schneider 1982).[1]

---

[1] Auch dann freilich sollen diese Vorgänge in die Unterrichtsarbeit eingebunden bleiben und einen didaktischen Zweck erfüllen, der sich nicht am Prüfen erschöpft.

Außerhalb dieser definierten Zeiten weiß der Schüler, dass der Grundsatz „Alles, was Sie sagen, kann gegen Sie verwendet werden“ nicht gilt. Eine andere Möglichkeit besteht darin, bei der Mitarbeitsfeststellung positive Leistungen als solche zu registrieren, Fehlleistungen aber nicht zu werten.

– Es sollte vermieden werden, die nichtpunktuellen „Beobachtungen“ intervallmäßig zu „Beobachtungsnoten“ zu verdichten. Die Wahrnehmungsverzerrungen werden diesfalls unvertretbar groß sein. Der Lehrer sollte daher spätestens am Ende der Unterrichtseinheit Aufzeichnungen über die Mitarbeit der Schüler machen.

Es sei noch darauf hingewiesen, dass gerade die Mitarbeitsfeststellung die Chance bietet, Leistungen zu fördern und zu honorieren, die einen hohen Lerneffekt besitzen, und die Leistungsbeurteilung zudem lebensnäher zu gestalten, als dies bei den meisten punktuellen Formen der Leistungsfeststellung der Fall ist. Eine Liste inspirierender Beispiele findet sich im Anhang 2 (S. 137); für sie gilt, dass sie tatsächlich sinnvoll in die Unterrichtsarbeit eingebunden werden können, weil der Schüler an diesen Aktivitäten primär *lernen* kann.

Die Abgrenzung der Mitarbeitsfeststellungen von den besonderen Formen der Leistungsfeststellung

Problemstellung

Während für die besonderen Formen der Leistungsfeststellung vergleichsweise detaillierte Bestimmungen bestehen, ist die Feststellung der Mitarbeit der Schüler im Unterricht nur grob geregelt. Dies ist äußerst problematisch, weil die Abgrenzung zwischen besonderer mündlicher (schriftlicher) Leistungsfeststellung und Einbeziehung einer mündlichen (schriftlichen) Arbeitsform in die Feststellung der Mitarbeit im Einzelfall schwierig sein kann. Der Lehrer hat theoretisch immer die Möglichkeit, die Bestimmungen der Verordnung (z. B. mind. zwei Fragen bei mündlichen Prüfungen, Ankündigungspflicht für Tests, Verbot von Tests an Schularbeitstagen usw.) zu unterlaufen, indem er die mit einem rechtlichen Mangel behaftete besondere Prüfungsform als Feststellung der Mitarbeit ausgibt. Lässt man aber bloß das als besondere Leistungsfeststellung gelten, was den bezüglichen Bestimmungen in der Verordnung entspricht, wird die Schutzwirkung der Verordnung karikiert.[1]

Abgrenzungskriterien

Zur Abgrenzung sei daher vorgeschlagen:

1. Wesentlich wird sein festzustellen, ob die Leistungsfeststellungen *in die Unterrichtsarbeit eingebunden* waren (Mitarbeitsfeststellung) oder aber punktuell durchgeführt wurden (besondere Formen der Leistungsfeststellung). „Eingebunden" in die Unterrichtsarbeit ist eine Leistungsfeststellung dann, wenn sie wesentlich ein Mittel der Unterrichtsgestaltung ist und die Gewinnung von Leistungsdaten eher einen Nebeneffekt der an sich auf Lehren und Lernen zielenden Aktivitäten im Unterricht darstellt.

   In bestimmten Fällen kann jedoch auch für punktuelle Leistungsfeststellungen eine Eingebundenheit in die Unterrichtsarbeit argumentiert werden. Beispielsweise werden in Kurzschrift nach der Eigenart dieses Unterrichtsgegenstandes häufig Diktate als organischer Bestandteil der Unterrichtsarbeit nötig sein. Deren Durchführung ist dann, da als Feststellung der Mitarbeit zu werten, ohne Beschränkung zulässig (Jonak/Kövesi 2003, S. 799, Anm. 4).

2. Teilleistungen im Rahmen der Mitarbeitsfeststellung werden (als Einzelbestandteile der „Mitarbeitsnote") im Vergleich zu einer aus einer besonderen Leistungsfeststellung hervorgehenden Note für die Jahresnote weniger Gewicht haben. Eine eingetragene, selbstständige Note wird den Verdacht begründen, dass es sich um eine besondere schriftliche oder mündliche Leistungsfeststellung gehandelt hat, weil einzelne Leistungen im Rahmen der Mitarbeit nicht gesondert zu benoten sind.

3. Außerdem kommen als Abgrenzungskriterien Dauer und Stoffumfang in Betracht. Für schriftliche Arbeitsformen, die an die 25 Minuten Zeit beanspruchen (d. i. die Obergrenze für schriftliche Überprüfungen), oder für „Bankfragen", die sich zu ausführlichen Prüfungsgesprächen ausweiten, kann nur schwer argumentiert werden, sie wären in die Unterrichtsarbeit eingebunden gewesen. Hier ist die Vermutung begründet, dass die Tatbestände der jeweils besonderen Formen der Leistungsfeststellung erfüllt sind.

---

[1] In der Tat wäre zu diskutieren, ob die LBVO in diesem Punkt nicht verfassungswidrig ist (so Fankhauser 1992/93, S. 27).

Mitarbeitsfeststellung: Das Wichtigste in Kürze

- in allen Unterrichtsgegenständen durchzuführen
- den anderen Prüfungsformen gleichwertig, nicht nur „Zünglein an der Waage“ bei „Zwischennoten“
- erfasst *Gesamt*bereich der Unterrichtsarbeit einschließlich Hausübungen, auch Leistungen bei Partner- und Gruppenarbeit
- erfasst Leistungen, nicht Benehmen (dafür: Verhaltensnote)
- Zeitraumnote, d. h. Gesamtbilanz über Beurteilungszeitraum, keine Beurteilung einzelner Leistungen
- Aufzeichnungen verpflichtend

Aus pädagogischer Sicht außerdem:

- Transparenz über Zustandekommen der Mitarbeitsnote herstellen
- nicht nur mündliche Beiträge erfassen
- prüfungsfreie Zeiten im Unterricht definieren
- Aufzeichnungen spätestens am Ende der Unterrichtseinheit

4 Besondere mündliche Formen der Leistungsfeststellung

4.1 Mündliche Prüfungen

Einsatzbereich

Mündliche Prüfungen dürfen, von der Prüfung auf Wunsch des Schülers abgesehen, grundsätzlich nur in dem Ausmaß durchgeführt werden, in dem dies für eine sichere Leistungsbeurteilung für ein Semester oder eine Schulstufe unbedingt notwendig ist.

Zwingend durchzuführen ist eine mündliche Prüfung dann, wenn

- der Schüler diese verlangt (LBVO § 5 Abs. 2) oder
- sich infolge vorgetäuschter Leistungen keine sichere Beurteilung über das erste oder zweite Semester treffen lässt (Semesterstoffprüfung nach LBVO § 11 Abs. 4).

Dagegen besteht seit 1992 *keine* Verpflichtung mehr, den Schüler bei einer drohenden negativen Semester- oder Jahresbeurteilung mündlich zu prüfen. Diese in der Praxis oft „*Entscheidungsprüfung*“ genannte mündliche Prüfung wurde durch das Recht des Schülers ersetzt, sich in jedem Pflichtgegenstand auf seinen Wunsch einmal im Semester mündlich prüfen zu lassen.

Die Bezeichnung „Entscheidungsprüfung“ wurde vom Gesetzgeber nicht verwendet und war auch ausgesprochen missverständlich. Sie suggerierte nämlich, diese eine Prüfung „entscheide“ darüber, ob der Schüler insgesamt positiv oder negativ zu beurteilen sei. Tatsächlich war diese Prüfung rechtlich eine mündliche Prüfung wie andere mündliche Prüfungen auch. Ihr Gewicht bei der Ermittlung der Gesamtnote bemaß sich daher so, wie dies auch für alle anderen Leistungsfeststellungen gilt, nämlich nach den Kriterien der Anzahl der Leistungsfeststellungen, ihres Stoffumfanges und Schwierigkeitsgrades (§ 3 Abs. 5 LBVO), sowie des Zeitpunktes der Leistungsfeststellung dergestalt, dass dem zuletzt erreichten Leistungsstand das größere Gewicht zuzumessen ist (§ 20 LBVO). Die alte Regelung hatte zur Folge, dass der Lehrer den Schüler auch in aussichtslosen Fällen und sogar gegen dessen Willen mündlich zu prüfen hatte, also wenn unabhängig von der Note auf diese Prüfung in Anbetracht der o. a. Kriterien keine positive Gesamtbeurteilung mehr möglich war.

Der Lehrer muss den Schüler nach nunmehriger Rechtslage bei drohendem „Nicht genügend“ *nicht* prüfen und er wird dies dann nicht tun, wenn die Beurteilungslage eindeutig ist. Entschließt er sich zu einer Prüfung (oder prüft er den Schüler auf dessen Verlangen), so hat er die Noten auf die bisherigen Leistungsfeststellungen unter Bedachtnahme auf Anzahl, Stoffumfang und Schwierigkeitsgrad qualitativ gegen die Note dieser mündlichen Prüfung unter Bedachtnahme auf deren Stoffumfang und Schwierigkeitsgrad sowie den Prüfungszeitpunkt abzuwägen.

Sachliche Unzulässigkeit

§ LBVO § 5 Abs. 11 und 12

(11) Mündliche Prüfungen sind unzulässig:

a) in der Volksschule

aa) in der 1. bis 4. Schulstufe in allen Unterrichtsgegenständen,

bb) in der 5. bis 8. Schulstufe in Bildnerischer Erziehung, Leibesübungen (nunmehr: Bewegung und Sport), *Werkerziehung (Technisches Werken, Textiles Werken) und Geometrischem Zeichnen,*

b) in der Hauptschule in Bildnerischer Erziehung, Schreiben, Geometrischem Zeichnen, Leibesübungen (nunmehr: Bewegung und Sport), *Werkerziehung (Technisches Werken, Textiles Werken), Maschinschreiben und Kurzschrift,*

c) in der Polytechnischen Schule in Leibesübungen (nunmehr: Bewegung und Sport), *Technischem Zeichnen, Werkerziehung, Stenotypie, Maschinschreiben und Kurzschrift,*

d) in den allgemein bildenden höheren Schulen in Geometrischem Zeichnen, Leibesübungen (nunmehr: Bewegung und Sport) *und Werkerziehung (Technisches Werken, Textiles Werken) sowie in der Unterstufe in Bildnerischer Erziehung (ausgenommen in allgemein bildenden höheren Schulen unter besonderer Berücksichtigung der musischen Ausbildung, soweit Bildnerische Erziehung schwerpunktbildend ist), Kurzschrift, Maschinschreiben, Bildnerisches Gestalten und Werkerziehung (ausgenommen in allgemein bildenden höheren Schulen unter besonderer Berücksichtigung der musischen Ausbildung, soweit Bildnerische Erziehung schwerpunktbildend ist),*

e) in den berufsbildenden Schulen in Leibesübungen (nunmehr: Bewegung und Sport) *und*

f) in den Bildungsanstalten für Kindergartenpädagogik und in den Bildungsanstalten für Sozialpädagogik in Kindergartenpraxis, Hortpraxis und Heimpraxis.

(12) Für Sonderschulen finden die Bestimmungen des Abs. 11 lit. a und b sinngemäß Anwendung. Soweit mündliche Prüfungen danach zulässig wären, dürfen sie nur unter Bedachtnahme auf die jeweiligen physischen oder psychischen Behinderungen der Schüler durchgeführt werden.

Zeitliche Unzulässigkeit

§ LBVO § 5 Abs. 9 und 10

(9) Mündliche Prüfungen dürfen nicht an einem unmittelbar auf mindestens drei aufeinander folgende schulfreie Tage folgenden Tag durchgeführt werden. Ferner dürfen Schüler, die an einer mehrtägigen Schulveranstaltung oder einer mehrtägigen schulbezogenen Veranstaltung teilgenommen haben, an dem auf diese Veranstaltungen unmittelbar folgenden Tag mündlich nicht geprüft werden. Dies gilt nicht, wenn sich der Schüler zu der mündlichen Prüfung freiwillig meldet, und für ganzjährige Berufsschulen.

(10) In den allgemein bildenden Pflichtschulen und der Unterstufe der allgemein bildenden höheren Schulen darf an einem Schultag, an dem eine Schularbeit oder ein standardisierter Test in der betreffenden Klasse stattfindet, keine mündliche Prüfung durchgeführt werden, und es dürfen für einen Schüler nicht mehr als zwei mündliche Prüfungen an einem Schultag stattfinden.

Ankündigung

§ LBVO § 5 Abs. 3

Mündliche Prüfungen dürfen nur während der Unterrichtszeit vorgenommen werden und sind dem Schüler spätestens zwei Unterrichtstage[1] vorher, in ganzjährigen oder saisonmäßigen Berufsschulen jedoch spätestens am letzten Unterrichtstag der vorhergehenden Woche bekannt zu geben.

Die Ankündigung muss namentlich erfolgen. Eine abstrakte Ankündigung, z. B. „ab nächste Woche wird geprüft“, ist nicht ausreichend.

Auch wenn die LBVO keinen Hinweis darauf gibt, dass das Thema der Prüfung angekündigt werden müsste, wird man den Schüler

---

1 Der Tag der Ankündigung ist mitzurechnen, also z. B. Prüfung am Samstag, Ankündigung am Donnerstag.

selbstverständlich über den prüfungsgegenständlichen Lehrstoff zeitgerecht informieren.

§ LBVO § 5 Abs. 1, 6 und 7

Prüfungsthema und Prüfungsfragen

(1) Mündliche Prüfungen bestehen aus mindestens zwei voneinander möglichst unabhängigen an einen bestimmten Schüler gerichteten Fragen, die dem Schüler die Möglichkeit bieten, seine Kenntnisse auf einem oder mehreren Stoffgebieten darzulegen oder anzuwenden.

(6) Bei der Durchführung der mündlichen Prüfung ist davon auszugehen, dass über Stoffgebiete, die in einem angemessenen Zeitraum vor der mündlichen Prüfung durchgenommen wurden, eingehender geprüft werden kann, während über Stoffgebiete, die in einem weiter zurückliegenden Zeitpunkt behandelt wurden, sofern sie nicht für die Behandlung der betreffenden Prüfungsaufgabe Voraussetzung sind, nur übersichtsweise geprüft werden kann.

(7) Die Bestimmungen des Abs. 6 sind bei Feststellungs-, Nachtrags- und Wiederholungsprüfungen nicht anzuwenden.

i Die Prüfungsfragen müssen zwar möglichst unabhängig voneinander sein, können aber aus demselben Stoffgebiet stammen. Eine Obergrenze für die Zahl der Prüfungsfragen besteht nicht (zu beachten sind aber die Obergrenzen für die Prüfungsdauer, s. dazu unten).

Die Fragen sind an einen bestimmten Schüler und nicht etwa pauschal an die Klasse zu richten.

Das der Prüfung zugrunde liegende Stoffgebiet kann unterschiedlich weit gespannt sein und ist dem Zweck der Prüfung anzupassen. Wenn es sich um Basislehrstoffe handelt, z. B. um grundlegende grammatikalische Regeln in einer Fremdsprache, können diese auch dann eingehender geprüft werden, wenn sie vor längerer Zeit vermittelt worden sind.

Die Einbeziehung praktischer oder graphischer Arbeitsformen (z. B. Tätigkeit am Computer, Aufzeichnungen des Schülers an der Tafel) in die mündliche Prüfung ist möglich.

Prüfungsdauer

§ LBVO § 5 Abs. 4 und 5

(4) Die mündliche Prüfung eines Schülers darf in den allgemein bildenden Pflichtschulen, in der Unterstufe der allgemein bildenden höheren Schulen und in den Berufsschulen höchstens zehn Minuten, ansonsten höchstens fünfzehn Minuten dauern. In den berufsbildenden mittleren und höheren Schulen ist überdies in den technischen Unterrichtsgegenständen eine angemessene Zeit zur Vorbereitung zu gewähren.

(5) Für die Durchführung von mündlichen Prüfungen ist nach Möglichkeit nicht der überwiegende Teil einer Unterrichtsstunde aufzuwenden.

i Der Lehrer hat die maximal verfügbare Prüfungszeit[1] sorgfältig zu verwalten. Es muss für die Beantwortung jeder Frage innerhalb der zulässigen Prüfungszeit genügend Zeit zur Verfügung stehen; demnach ist die Behandlung der ersten Frage abzubrechen und die zweite Frage zu stellen, sobald der für die Beantwortung der ersten Frage vorgesehene Zeitanteil verstrichen ist (Erk. des VwGH vom 9. 3. 1981, Zl. 10/3420/80).

Eine geringfügige Überschreitung, insbes. im Interesse des Schülers (z. B. wenn der Schüler einen bereits entwickelten Gedankengang, der zu einem günstigen Prüfungsergebnis führen könnte, abbrechen müsste), ist tolerierbar und macht den Prüfungsakt noch nicht rechtsfehlerhaft (Jonak/Kövesi 2003, S. 805, Anm. 11).

Da in den BMS und BHS in den technischen Unterrichtsgegenständen *überdies* eine angemessene Vorbereitungszeit zu gewähren ist, ist zu schließen, dass eine in anderen Fällen allfällig freiwillig gewährte Vorbereitungszeit nicht in die Prüfungszeitgrenzen einzuberechnen sein wird.[2]

Eine zeitliche Untergrenze existiert nicht.

---

1 Die Prüfungszeitobergrenzen sind durch den Gesetzgeber sehr knapp bemessen. Die geringe Zahl von Fragen, die in diesem Zeitraum gestellt werden können, führt zu einer hohen Gewichtung der Zufallskomponente und macht die mündliche Prüfung zu einem wenig zuverlässigen Prüfungsinstrument.

2 Eine abweichende Auffassung wird in den „Informationsblättern zum Schulrecht" vertreten, die vom Bildungsministerium herausgegeben werden.

§ LBVO § 5 Abs. 8

Lehrerverhalten im Prüfungsverlauf

Auf Fehler, die während einer mündlichen Prüfung auftreten und die die weitere Lösung der Aufgabe wesentlich beeinflussen, ist sogleich hinzuweisen.

i Mit dem Gebot, auf einen Fehler hinzuweisen, ist keine Verpflichtung verbunden, auch inhaltliche Hilfestellung zu geben.

Auch wenn keine rechtliche Verpflichtung dazu besteht, empfiehlt es sich im eigenen Interesse und im Interesse der Schüler, einen oder zwei Schüler den Prüfungsverlauf (Laufzeit, Prüfungsfragen, Hilfen des Lehrers) protokollieren zu lassen.

Zu beachten ist außerdem, dass die Note dem Schüler spätestens am Ende der Unterrichtsstunde bekannt zu geben ist (LBVO § 11 Abs. 3).

§ LBVO § 5 Abs. 2

Prüfung auf Wunsch des Schülers

Auf Wunsch des Schülers ist in jedem Pflichtgegenstand (ausgenommen jene Gegenstände, in denen mündliche Prüfungen unzulässig sind, vgl. S. 39 f.*) einmal im Semester, in saisonmäßigen und lehrgangsmäßigen Berufsschulen einmal im Unterrichtsjahr, eine mündliche Prüfung durchzuführen. Die Anmeldung zur Prüfung hat so zeitgerecht zu erfolgen, dass die Durchführung der Prüfung möglich ist.*

i Das Recht auf eine Wunschprüfung besteht unabhängig davon, ob und wie viele mündliche Prüfungen der Lehrer ansetzt.

Während der Schüler ein unbedingtes Recht auf Durchführung der Prüfung hat, besteht ein solcher Rechtsanspruch in Bezug auf einen gewünschten Prüfungstermin nicht. Der tatsächliche Prüfungstermin kann daher sowohl einige Tage vor als auch einige Tage nach dem Wunschtermin liegen. Der Verordnung kann nicht entnommen werden, dass diese Prüfungen nur am Ende des Semesters oder des Unterrichtsjahres abgelegt werden könnten; ihre Ablegung ist daher jederzeit möglich.

Dennoch werden sich derartige Prüfungen gegen Semester- und Unterrichtsjahresende häufen. Im Interesse einer geordneten Terminverwaltung sollte den Schülern bzw. den Erziehungsberechtigten daher rechtzeitig, beispielsweise einen Monat vor der Beurteilungskonferenz, der aktuelle Beurteilungsstand bekannt gegeben werden.

Gewichtung dieser Prüfung

Der Prüfung kommt aber kein größeres Gewicht zu als anderen mündlichen Prüfungen auch. „Denn: eine einzige punktuelle Prüfung von der Dauer weniger Minuten kann im Regelfall nicht das während eines gesamten Beurteilungsabschnittes gewonnene Gesamtbild der Leistungen so verändern, dass diese [...] die vorherigen Leistungen bzw. Nichtleistungen in den Hintergrund treten lassen kann. Die § 5 Abs. 2-Prüfung [...] ist daher eine mündliche Prüfung wie jede andere, die nur einen Mosaikstein im Gesamtleistungsbild eines Schülers oder einer Schülerin darstellen kann, die aber nicht dazu geeignet ist, alleinige Grundlage für die Leistungsbeurteilung über ein Semester oder über ein ganzes Schuljahr zu sein." (Erläuterungen des BMU zum Entwurf der Novelle BGBl. Nr. 492/1992). Demnach bestimmt sich auch das Gewicht dieser Prüfung nach den allgemeinen Kriterien der §§ 3 Abs. 5 und 20 LBVO (Stoffumfang, Schwierigkeitsgrad; größeres Gewicht des zuletzt erreichten Leistungsstandes).

Pädagogische Hinweise zur mündlichen Prüfung

Nachteile der mündlichen Prüfung

Mündliche Prüfungen sind die vergleichsweise am wenigsten erforschte Form der Lernerfolgskontrolle. Dennoch steht fest, dass die mündliche Prüfung unter Objektivitäts-, Validitäts- und Reliabilitätsgesichtspunkten schwer wiegende Nachteile aufweist. Insbesondere weist sie sehr schlechte Objektivitätswerte auf (vgl. zu den Befunden zusammenfassend Birkel 1978 und Ingenkamp 1975).

Im Vergleich zu schriftlichen Prüfungen hat die mündliche Prüfung mindestens sechs Nachteile:

a) Die *Durchführungsobjektivität* ist bei mündlichen Prüfungen geringer.

   Bei schriftlichen Prüfungen erhalten alle Prüflinge die gleichen Fragen in der gleichen Reihenfolge, vermittelt durch ein neutrales Blatt Papier. Bei mündlichen Prüfungen unterscheiden sich dagegen die Fragen von Kandidat zu Kandidat.

   Auch die Bedingungen, unter denen die Leistung zu erbringen ist, sind nicht vergleichbar.

   Dies betrifft erstens die *Ausstrahlung und das Frageverhalten des Prüfers*. In subtiler und oft gar nicht bewusster Weise teilen sich dem Kandidaten Begleitbotschaften mit, etwa in Form aufmunternder Gesten oder entmutigender Blicke. Die Leistungen verbessern sich beispielsweise, wenn der Prüfer als freundlich, tolerant, interessiert, lobend, ermutigend und gerecht wahrgenommen wird. Auch stellen verschiedene Prüfer die Fragen unterschiedlich präzise oder verständlich. Der Prüfer selbst also müsste „standardisiert" werden, um Durchführungsobjektivität zu sichern.

Zweitens hängen die Leistungen des Prüflings vom *Prüfungsverlauf* ab, z. B. gewährte oder versagte Hilfen, gewährte Zeit zum Nachdenken. Einen Einfluss hat auch die Reihenfolge der Fragen. Idealerweise sollten zuerst leichte, dann schwere Fragen gestellt und bei Versagen sollte wiederum auf leichtere Fragen zurückgegangen werden.

b) Die *Auswertungsobjektivität* ist bei mündlichen Prüfungen geringer. Mündliche Prüfungsleistungen sind *flüchtig*, der Prüfer muss gleichzeitig zuhören und beurteilen und seine Entscheidung sehr rasch treffen, ohne die Antworten, wie das bei schriftlichen Prüfungen möglich ist, nochmals durchgehen zu können. Auch die Verfassung des Prüfers hat Einfluss auf die Auswertung; Betz (1974) berichtet, dass die meisten Prüfer dazu neigen, den Kandidaten besser zu bewerten, wenn sie bemerken, dass sie selbst müde sind.

c) Mündliche Prüfungen sind für Beurteilungsfehler extrem anfällig und entsprechend wenig valide. Es ist bekannt, dass Sprechgeschwindigkeit und Sprechanteil des Prüflings mit den Zensuren korrelieren.[1] Ebenso ist bekannt, dass Prüflinge, die vom Prüfer als sicher, ruhig, gelöst und konzentriert wahrgenommen werden, bessere Noten erhalten. Gleiches gilt für Prüflinge mit angepasstem und konfliktvermeidendem Verhalten.

d) Mündliche Prüfungen ziehen in hohem Ausmaß Zufallsstichproben (Dauer maximal 15 Minuten!) und sind daher wenig zuverlässig.

[1] Pritz (1981) hat eine Geographie-Matura gefilmt, die mit 3 benotet wurde. Dann sprach die Gymnasiastin alle Antworten erneut, alle Inhalte kamen wieder vor, und zwar einmal zögerlich und langsam in 23 Minuten, dann flüssig und mit Überzeugung in 16 Minuten. 81 Lehrer/innen beurteilten entweder die schnellere oder die langsamere Fassung. Die schnellere Fassung lag im Mittel bei 2,51, die langsame bei 3,38! Hohes Sprechtempo wird also offenbar mit hoher Kompetenz und hoher Intelligenz assoziiert.

e) Eine erneute Beurteilung ist nicht möglich, während man eine schriftlichen Arbeit mehrmals durchsehen kann.
f) Mündliche Prüfungen sind für den Schüler häufig stark angstbesetzt.

Vorzüge der mündlichen Prüfung

Wenn Leistungsbeurteilungsverordnung und Beurteilungspraxis dennoch das Instrument der mündlichen Prüfung vorsehen, dann kann dies über folgende Vorteile begründet werden:

a) In vielen Lebensbereichen spielt die Fähigkeit des mündlichen Ausdrucks und Kontakts eine bedeutende Rolle.
b) Bestimmte Fähigkeiten können nur über mündliche Prüfungen erfasst werden: Improvisationsfähigkeit, Spontaneität einer Aussage, Anpassungsfähigkeit im Dialog usw.
c) Mündliche Prüfungen sind interaktiv und adaptiv. Einerseits kann der Prüfer das Instrument noch in der Prüfungssituation an den Kandidaten und den Verlauf der Prüfung anpassen (z. B. Variation des Schwierigkeitsgrades durch Geben von Informationen, Möglichkeit des Nachfragens bei unklaren Antworten). Andererseits kann der Kandidat nachfragen, wenn er eine Frage nicht verstanden hat.
d) Denkvorgänge können bei geschicktem Frageverhalten sichtbar gemacht werden.
e) Täuschungsversuche sind nahezu ausgeschlossen.
f) Mündliche Prüfungen sind in Vorbereitung und Bewertung relativ unaufwändig.
g) Die Prüfungssituation selbst bietet, ein entsprechendes Prüferverhalten vorausgesetzt, noch Lernmöglichkeiten für den Prüfling.

Fazit

Aus einer Abwägung der Vor- und Nachteile ergibt sich folgendes Fazit:

- Mündliche Prüfungen sind immer dann zu vermeiden, wenn die gleichen Ziele mit schriftlichen Prüfungen ebenso gut überprüft werden können. Was ohne Verlust an Information schriftlich geprüft werden kann, sollte schriftlich geprüft werden.
- Mündliche Prüfungen sollten dort eingesetzt werden, wo der Gesetzgeber es vorschreibt oder wo nur die mündliche Form geeig-

net ist (Flexibilität des Denkens, mündliche Ausdrucksfähigkeit usw.)

- Schriftlichen und mündlichen Formen sollten unterschiedliche Zielsetzungen gegeben werden. So kann eine Schularbeit Faktenwissen abprüfen, in einer mündlichen Prüfung kann man umstrittene Fragen prüfen und den Akzent etwa auf die Fähigkeit des Ausdruckes, die Überzeugungskraft, die Debattierfähigkeit usw. legen.

Empfehlungen

- Jede mündliche Prüfung sollte unbedingt durch Fixierung der Fragen und der erwünschten (Mindest-)Antworten schriftlich vorbereitet werden. Keinesfalls sollte die Messlatte während der Prüfung definiert werden.
- Die Fragen sollten vor der Prüfung auf die Angemessenheit ihres Niveaus hin taxiert werden.
- Schon vor der Prüfung sollte sich der Prüfer auf die Anzahl der Prüfungsfragen festlegen und sich später auch daran halten, um Schnell- und Langsamsprecher gleich zu behandeln und um zu vermeiden, jemanden „hinauf- oder hinunterzuprüfen", weil am Ende der an sich letzten Frage ein Dissonanzerlebnis besteht.
- Prüflinge fühlen sich gerechter behandelt, wenn sie die Fragen ziehen können.
- Mündliche Prüfungen sollen dem Lehrer nicht dazu dienen, sein eigenes Wissen zu demonstrieren.
- Für den Einstieg bieten sich zur Entspannung der Situation generellere Fragen („Eisbrecher-Fragen") an. Alternative: Man lässt den Schüler die Reihenfolge der Fragen wählen.
- Der Lehrer sollte auf der Frage insistieren, wenn der Schüler abschweift.
- Wenn der Schüler eine Frage offensichtlich nicht beantworten kann, sollte der Prüfer jedoch nicht länger bei dieser Frage verweilen.
- Dem Prüfling soll Zeit zum Überlegen gegeben werden, ohne ihn nervös zu machen.
- Schweigen verunsichert. Der Lehrer sollte Feedback über die Richtigkeit der Antworten (positive Verstärkung) geben, aber auch falsche Antworten als falsch kennzeichnen.
- Der Prüfer sollte gegenüber Beurteilungsfehlern wachsam sein. Achtung vor allem, wenn ein Schüler geprüft wird, der einem

sehr guten nachfolgt (das Kontrasterlebnis kann zu einer unangemessen schlechten Beurteilung führen), und bei Schnellsprechenden (die oft den Eindruck hinterlassen, sie wüssten mehr).

- Sofort nach jeder Frage sollte die Teilbeurteilung notiert werden, sonst wird am Ende primär die letzte Frage oder der „Gesamteindruck" den Ausschlag geben. Über die Gründe des Mitnotierens sollte der Kandidat allerdings aufgeklärt werden. Kommentarloses Anfertigen von Notizen wirkt verunsichernd.
- Die Note sollte unmittelbar nach der Prüfung mitgeteilt werden.

**Mündliche Prüfungen:
Das Wichtigste in Kürze**

- nur wenn unbedingt notwendig
- bei drohendem „Nicht genügend" im Semester- oder Jahreszeugnis keine Prüfung erforderlich, dafür aber:
- unabhängig vom Leistungsstand in jedem Semester eine mündliche Prüfung auf Schülerwunsch
- nicht nach mindestens drei aufeinander folgenden schulfreien Tagen, nach mehrtägigen Schul- und schulbezogenen Veranstaltungen (Ausnahme: Prüfung auf Schülerwunsch)
- spätestens zwei Unterrichtstage vorher ankündigen (an ganzjährigen und saisonmäßigen Berufsschulen spätestens am letzten Unterrichtstag der vorhergehenden Woche)
- mindestens zwei voneinander unabhängige Fragen, maximal 10 Minuten (allgemein bildende Pflichtschule, Unterstufe, Berufsschule) bzw. 15 Minuten (Oberstufe)
- neuere Stoffgebiete eingehender, ältere nur übersichtsweise
- auf Fehler sofort hinweisen
- Bekanntgabe der Note spätestens am Ende der Stunde

Aus pädagogischer Sicht außerdem:

- problematisches Prüfungsinstrument, daher nur mündlich, wenn rechtlich gefordert oder Ziele nur mündlich geprüft werden können
- Fragen und Mindestantworten schriftlich vorbereiten
- Achtung vor Beurteilungsfehlern

4.2 Mündliche Übungen

Mündliche Übungen dürfen nur durchgeführt werden, wenn sich andernfalls keine sichere Beurteilung über das Semester oder das Schuljahr treffen lässt.

Schreibt der Lehrplan jedoch bestimmte mündliche Übungen, z. B. Redeübungen, vor, dann sind diese jedenfalls durchzuführen, weil schon aus dem Lehrplan hervorgeht, dass die übrigen Leistungsfeststellungen nicht ausreichen, um die Erfüllung der Lehraufgabe nachzuweisen (Jonak/Kövesi 2003, S. 807, Anm. 1).

Begriff

LBVO § 6 Abs. 1

Mündliche Übungen bestehen aus einer systematischen und zusammenhängenden Behandlung eines im Lehrplan vorgesehenen Stoffgebietes oder eines Themas aus dem Erlebnis- und Erfahrungsbereich des Schülers durch den Schüler (wie Referate, Redeübungen u. dgl.).

Praktische und graphische Arbeitsformen dürfen in die mündliche Übung einbezogen werden.

Ankündigung

LBVO § 6 Abs. 2

Das Thema der mündlichen Übung ist spätestens eine Woche vorher festzulegen.

Dauer

LBVO § 6 Abs. 4

Die mündliche Übung eines Schülers soll in den allgemein bildenden Pflichtschulen sowie in der Unterstufe der allgemein bildenden höheren Schulen nicht länger als 10 Minuten, ansonsten nicht länger als 15 Minuten dauern.

Wie bei der mündlichen Prüfung ist auch bei der mündlichen Übung die Note spätestens am Ende der Unterrichtsstunde dem Schüler bekannt zu geben (LBVO § 11 Abs. 3).

5 Besondere schriftliche Formen der Leistungsfeststellung

5.1 Schularbeiten

§ LBVO § 7 Abs. 1, 2 und 3

Maßgeblichkeit des Lehrplans

(1) Schularbeiten sind im Lehrplan vorgesehene schriftliche Arbeiten zum Zwecke der Leistungsfeststellung in der Dauer von einer Unterrichtsstunde, sofern im Lehrplan nichts anderes bestimmt ist.

(2) Die Anzahl der Schularbeiten und gegebenenfalls auch deren Aufteilung im Unterrichtsjahr wird durch den Lehrplan festgelegt.

(3) Die Arbeitsformen der Schularbeiten haben jeweils die für die Schulstufe im Lehrstoff des betreffenden Lehrplanes vorgesehenen schriftlichen oder graphischen Arbeiten zu erfassen.

§ LBVO § 7 Abs. 6 und 7

Terminfestlegung

(6) Die Termine aller Schularbeiten jedes Unterrichtsgegenstandes sind vom betreffenden Lehrer mit Zustimmung des Schulleiters im 1. Semester bis spätestens vier Wochen, im 2. Semester bis spätestens zwei Wochen nach Beginn des jeweiligen Semesters, in lehrgangsmäßigen und saisonmäßigen Berufsschulen jedoch innerhalb der ersten Woche des Unterrichtes im betreffenden Unterrichtsjahr festzulegen und sodann unverzüglich den Schülern nachweislich bekannt zu geben. Die Termine der Schularbeiten sind im Klassenbuch zu vermerken. Eine Änderung des festgelegten Termines darf dann nur mehr mit Zustimmung des Schulleiters erfolgen; eine solche Änderung ist ebenfalls den Schülern nachweislich bekannt zu geben und im Klassenbuch zu vermerken.

(7) Der Schulleiter hat die Zustimmung zu den Terminen der Schularbeiten nach Abs. 6 zu verweigern, wenn

a) Schularbeiten an einem unmittelbar auf mindestens drei aufeinander folgende schulfreie Tage, eine mehrtägige Schulveranstaltung oder eine mehrtägige schulbezogene Veranstaltung folgenden Tag,

b) in den allgemein bildenden Schulen für einen Schultag für einen Schüler mehr als eine Schularbeit oder in einer Woche[1] mehr als zwei Schularbeiten oder Schularbeiten ab der 5. Unterrichtsstunde,

c) in den berufsbildenden Pflichtschulen für einen Schultag für einen Schüler mehr als zwei Schularbeiten, in lehrgangsmäßigen Berufsschulen jedoch mehr als drei Schularbeiten in einer Woche, oder Schularbeiten in der letzten Unterrichtsstunde,

d) in den berufsbildenden mittleren und höheren Schulen, in den Bildungsanstalten für Kindergartenpädagogik und in den Bildungsanstalten für Sozialpädagogik für einen Schultag für einen Schüler mehr als eine Schularbeit oder in einer Woche mehr als drei Schularbeiten

vorgesehen sind. Unbeschadet der lit. b und c kann der Schulleiter in besonderes begründeten Fällen den Terminen zustimmen. Lit. a gilt nicht für ganzjährige Berufsschulen.

i Die vorgeschriebene langfristige Terminfestlegung ist ein Indiz für die besondere Wertigkeit von Schularbeiten. Dies mag zunächst erstaunen, weil eine mündliche Prüfung im Einzelfall durchaus das Gewicht einer Schularbeit bekommen kann; die mündliche Prüfung muss aber nur zwei Unterrichtstage vorher angekündigt werden. Es ist jedoch daran zu erinnern, dass mündliche Prüfungen nur dann durchgeführt werden dürfen, wenn dies zur Gewinnung einer sicheren Beurteilungsgrundlage für ein Semester oder eine Schulstufe unbedingt notwendig ist; darüber kann regelmäßig am Semesterbeginn noch nicht befunden werden.

Ankündigung des Prüfungsstoffes

§ LBVO § 7 Abs. 5

Die bei einer Schularbeit zu prüfenden Lehrstoffgebiete sind den Schülern mindestens eine Woche vor der Schularbeit, in lehrgangsmäßigen Berufsschulen mindestens zwei Unterrichtstage vor

---

[1] Gemeint sind damit jeweils acht (!) aufeinander folgende Tage, wobei von einer „gleitenden" Woche, nicht von der Kalenderwoche auszugehen ist. Dass nicht mehr als zwei Schularbeiten pro Woche geschrieben werden dürfen, bedeutet daher beispielsweise, dass an einem Mittwoch keine Schularbeit angesetzt werden darf, wenn am Mittwoch und am Freitag der Vorwoche schon Schularbeiten stattgefunden haben. Wiederholungsschularbeiten bleiben bei der Berechnung der Höchstzahl außer Betracht (Erl. des BMU vom 6. 2. 1995).

der Schularbeit, bekannt zu geben. Für Schularbeiten in der Unterrichtssprache und den Lebenden Fremdsprachen gilt dies nur, wenn besondere Arbeitsformen oder besondere Stoffkenntnisse dies erforderlich machen. Andere behandelte Lehrstoffgebiete dürfen nur dann Gegenstand einer Schularbeit sein, wenn sie für die Beherrschung der Bildungs- und Lehraufgaben der in der betreffenden Schularbeit behandelten Lehrstoffgebiete Voraussetzung sind. Der in den letzten beiden Unterrichtsstunden des betreffenden Unterrichtsgegenstandes vor einer Schularbeit, in Berufsschulen am letzten Unterrichtstag vor einer Schularbeit, behandelte neue Lehrstoff darf nicht Gegenstand der Schularbeit sein.

Aufgabenstellungen

§ LBVO § 7 Abs. 4 und 8

(4) Bei den Schularbeiten sind mindestens zwei Aufgaben mit voneinander unabhängigen Lösungen zu stellen. Dies gilt nicht, sofern wesentliche fachliche Gründe dagegen sprechen, wie insbesondere in der Unterrichtssprache sowie in den Fremdsprachen nach dem Anfangsunterricht.

(8) Aufgabenstellungen und Texte für die Schularbeit sind jedem Schüler in vervielfältigter Form vorzulegen, ausgenommen kurze und einfache Themenstellungen (z. B. Aufsatzthemen) und Aufgabenstellungen, bei denen eine schriftliche Vorlage nicht möglich (z. B. bei Diktaten) ist.

Rückgabe und Aufbewahrung

§ LBVO § 7 Abs. 10

Die Schularbeiten sind den Schülern innerhalb einer Woche korrigiert und beurteilt zurückzugeben. In begründeten Fällen kann der Schulleiter eine Fristerstreckung um höchstens eine Woche bewilligen. Vor der neuerlichen Abgabe der von den Schülern zu verbessernden Arbeiten an den Lehrer ist den Erziehungsberechtigten Gelegenheit zur Einsichtnahme zu geben, sofern nicht die Wohnorte der Erziehungsberechtigten einerseits und des Schülers andererseits getrennt sind oder es sich nicht bereits um eigenberechtigte Schüler handelt. Nach dem Ende des Schuljahres sind die Schularbeiten ein Jahr an der Schule aufzubewahren.

i Als Beleg dafür, dass den Erziehungsberechtigten Gelegenheit zur Einsicht gegeben wurde, wird regelmäßig deren Unterschrift dienen.

Die Schularbeiten sind dem Schüler auf sein Verlangen am Ende der Aufbewahrungsfrist auszuhändigen.

Nachholen von Schularbeiten

§ LBVO § 7 Abs. 9

Ein Schüler, der in einem Unterrichtsgegenstand mehr als die Hälfte der Schularbeiten im Semester versäumt hat, hat eine Schularbeit nachzuholen[1]*. In der Oberstufe der allgemein bildenden höheren Schule, in der Bildungsanstalt für Kindergartenpädagogik und in der Bildungsanstalt für Sozialpädagogik sind jedoch, sofern im Semester mehr Schularbeiten als eine vorgesehen sind, so viele versäumte Schularbeiten nachzuholen, dass für das Semester mindestens zwei Schularbeiten vom Schüler erbracht werden. Die Schularbeiten sind nicht nachzuholen, sofern dies im betreffenden Semester nicht möglich ist, an Berufsschulen auch dann nicht, wenn im betreffenden Unterrichtsgegenstand bereits eine Schularbeit vom Schüler erbracht wurde und mit den anderen Leistungsfeststellungen eine sichere Leistungsbeurteilung für die Schulstufe möglich ist.*

i Schularbeiten für einzelne Schüler dürfen auch außerhalb des Unterrichts nachgeholt werden.

Wiederholen von Schularbeiten

§ LBVO § 7 Abs. 11

Wenn die Leistungen von mehr als der Hälfte der Schüler bei einer Schularbeit mit „Nicht genügend" zu beurteilen sind, so ist die Schularbeit mit neuer Aufgabenstellung aus demselben Lehrstoffgebiet einmal zu wiederholen. Als Grundlage für die Beurteilung ist in diesem Fall jene Schularbeit heranzuziehen, bei der der Schüler die bessere Leistung erbracht hat. Die Wiederholung der Schularbeit ist innerhalb von zwei Wochen, in lehrgangsmäßigen Berufsschulen innerhalb einer Woche, nach Rückgabe der Schularbeit durch den Lehrer durchzuführen; diese Frist verlängert sich um die in diese Frist fallenden unmittelbar aufeinander folgenden schulfreien Tage. Der Termin der neuerlichen Schularbeit ist bei der Rückgabe der zu wiederholenden Schularbeit bekannt zu geben und im Klassenbuch zu vermerken.

---

[1] Schularbeiten, die zufolge einer vorgetäuschten Leistung nicht beurteilt werden, sind wie versäumte Schularbeiten zu behandeln (vgl. § 11 Abs. 4 LBVO, s. S. 91 f.).

Hälfte der Schüler

ℹ Die Hälfte der Schüler ist zu berechnen von der Gesamtzahl der Schüler, die an der Schularbeit tatsächlich teilgenommen haben (Fankhauser 1988a, S. 16). Zählt eine Klasse z. B. 24 Schüler und haben 20 an der Schularbeit teilgenommen, muss diese bei elf oder mehr „Nicht genügend" wiederholt werden.

Die Ergebnisse von Schülern, die eine Schularbeit allenfalls nachholen, werden für die Entscheidung, ob die von ihnen versäumte Schularbeit wiederholt werden muss, ohne Belang sein. Das Wiederholungsgebot ergibt sich als Folge einer vermuteten Fehlerhaftigkeit der Aufgabenstellungen; Schüler, die eine Schularbeit nachholen, bearbeiten jedoch andere Aufgabenstellungen. Daher wäre auch im Umkehrschluss zu argumentieren, dass beispielsweise eine nachgeholte Schularbeit, bei der drei von vier Schülern mit „Nicht genügend" beurteilt wurden, zu wiederholen wäre.

Einmalige Wiederholung

Die Schularbeit muss nur einmal wiederholt werden. Dazu die Erläuternden Bemerkungen zum SchUG (RV 345 BlgNR 13. GP, AB 1028 BlgNR 13. GP, zit. n. Fankhauser 1988a, S. 17): „Wenn bei einer Leistungsfeststellung mehr als die Hälfte der Ergebnisse negativ ist, weist dies auf eine Fehleinschätzung der Leistungsfähigkeit der Klasse oder die außerordentliche Schwierigkeit der Aufgabenstellung hin. Es wird davon auszugehen sein, dass der Wiederholung der Leistungsfeststellung eine gründliche Prüfung der Ursachen und die Beseitigung etwaiger Mängel in der Unterrichtsarbeit vorangeht." M. a. W.: Der Gesetzgeber sucht den Fehler zunächst beim Lehrer und nimmt an, dass die Aufgabenstellungen nicht den Anforderungen des Lehrplans und dem Stand des Unterrichts entsprochen haben. Gleichzeitig wird aber angenommen, dass dem gewissenhaften Pädagogen nach Prüfung der Ursachen für das schlechte Ergebnis beim zweiten Mal keine derartigen Fehler mehr unterlaufen, so dass, wenn erneut mehr als die Hälfte der Ergebnisse negativ sein sollte, nur mehr die Schüler die Verantwortung für das schlechte Ergebnis tragen können.

Versäumnis einer der beiden Schularbeiten

Der Gesetzgeber geht davon aus, dass der Schüler sowohl die ursprüngliche als auch die Wiederholungsschularbeit mitschreibt, weil ja nur dann feststellbar ist, bei welcher Arbeit die bessere Leistung erzielt worden ist. Beträchtliche Interpretationsunterschiede herrschen nun für den Fall, dass ein Schüler nur eine der beiden Arbeiten mitgeschrieben hat (oder infolge einer vorgetäuschten Leistung nur eine der beiden Arbeiten beurteilt wurde):

Auffassung 1 (RdS 1982, S. 113): Unabhängig von der Note auf die ursprüngliche Arbeit ist diese nicht zu beurteilen, wenn die Wiederholungsschularbeit versäumt wird, weil diese wegen fehlender Vergleichsmöglichkeit nicht als die bessere identifiziert werden kann. Das impliziert auch, dass ein Schüler, der die ursprüngliche Schularbeit versäumt hatte, zur Wiederholungsschularbeit nicht anzutreten haben wird.

Auffassung 2 (RdS 1986, S. 119; Jonak/Kövesi 2003, S. 567, Anm. 20; Blaichinger/Weinacht 1996, S. 44; Informationsblätter zum Schulrecht, S. 14 f.): Unabhängig von der Note auf die ursprüngliche Arbeit ist das Ergebnis dieser Arbeit zu übernehmen, wenn die Wiederholungsschularbeit versäumt wird, da nur dieses Ergebnis vorliegt. Hat der Schüler die ursprüngliche Schularbeit versäumt, tritt jedoch zur Wiederholungsschularbeit an, so gilt entsprechend das Ergebnis der Wiederholungsschularbeit.

Auffassung 3 (Fankhauser 1988a): Versäumt der Schüler die Wiederholungsschularbeit, so gilt das Ergebnis der ursprünglichen Schularbeit dann, wenn es positiv war. Bei negativem Ergebnis gilt diese Schularbeit nicht. Versäumt der Schüler die ursprüngliche Schularbeit, so gilt das Ergebnis der Wiederholungsschularbeit unabhängig von der dabei erzielten Note.

Für die letztgenannte Auffassung spricht: Wenn mehr als die Hälfte der Schüler bei einer Schularbeit mit „Nicht genügend" beurteilt wird, dann weist dies auf eine Fehleinschätzung der Leistungsfähigkeit der Klasse oder die außerordentliche Schwierigkeit der Aufgabenstellung hin. Das Wiederholungsgebot hat demnach die Funktion, den Schüler zu schützen. Dieses Schutzes bedürfen Schüler, die bereits bei der fehlerbehafteten Schularbeit positiv waren, nicht; ihr Ergebnis ist daher, wenn sie die Wiederholungsschularbeit versäumen, zu werten. Für die Wiederholungsschularbeit entfällt diese Schutzfunktion, weil angenommen wird, dass der Wiederholung der Leistungsfeststellung eine gründliche Prüfung der Ursachen und die Beseitigung etwaiger Mängel in der Unterrichtsarbeit vorangegangen ist. Ihr Ergebnis ist daher jedenfalls zu werten.

Schularbeiten:
Das Wichtigste in Kürze

- Durchführung laut Lehrplan (Dauer, Zahl, Verteilung)
- Arbeitsplan im ersten Semester binnen vier, im zweiten Semester binnen zwei Wochen (an lehrgangs- und saisonmäßigen Berufsschulen in der ersten Unterrichtswoche)
- Stoffgebiete eine Woche (lehrgangsmäßige Berufsschulen: zwei Unterrichtstage) vorher bekannt geben, nicht Stoff der letzten beiden Unterrichtseinheiten (Berufsschulen: des letzten Unterrichtstags)
- mindestens zwei voneinander unabhängige Aufgaben, Angabe in vervielfältigter Form
- nicht nach mindestens drei aufeinander folgenden schulfreien Tagen oder mehrtägigen Schul- oder schulbezogenen Veranstaltungen
- allgemein bildende Schulen: nicht mehr als zwei Schularbeiten binnen acht Tagen, nicht mehr als eine pro Tag, nicht nach der vierten Einheit; berufsbildende Pflichtschulen: nicht mehr als zwei am Tag (lehrgangsmäßige Berufsschulen: nicht mehr als drei binnen acht Tagen), nicht in der letzten Einheit; BMHS und Bildungsanstalten für Kindergarten-(Sozial-)pädagogik nicht mehr als drei binnen acht Tagen, nicht mehr als eine pro Tag
- Korrektur und Beurteilung binnen einer Woche
- einmalige Wiederholung, wenn mehr als 50 % „Nicht genügend“; bessere Leistung gilt
- Schularbeitshefte ein Jahr an der Schule aufbewahren

5.2 Schriftliche Überprüfungen

Einsatzbereich

Schriftliche Überprüfungen dürfen grundsätzlich nur dann und nur in dem Ausmaß durchgeführt werden, in dem dies für eine sichere Leistungsbeurteilung für ein Semester oder eine Schulstufe unbedingt notwendig ist.

Für die in der Praxis bisweilen so bezeichneten „schriftlichen Mitarbeitsüberprüfungen" ist im Einzelfall zu fragen, ob es sich dabei rechtlich betrachtet nicht um Tests im Sinne des § 8 LBVO handelt, für die dann auch die darin normierten Bestimmungen gelten.

Begriff

LBVO § 8 Abs. 1

Schriftliche Überprüfungen umfassen ein in sich abgeschlossenes kleineres Stoffgebiet. Folgende Formen schriftlicher Überprüfungen sind zulässig:

a) Tests,

b) Diktate in der Unterrichtssprache, in den lebenden Fremdsprachen, in Musikerziehung, in Kurzschrift, in Maschinschreiben, in Stenotypie, in Stenotypie und Phonotypie, in Stenotypie und Textverarbeitung sowie in (computerunterstützter) Textverarbeitung.

Schriftliche Überprüfungen umfassen ein in sich abgeschlossenes, kleineres Stoffgebiet. Der Gesetzgeber nennt keinen konkreten Stoffumfang; zu denken wird wohl an etwa sechs bis zwölf Unterrichtseinheiten sein.

Auf die Problematik der Abgrenzung zur Feststellung der Mitarbeit wurde bereits hingewiesen (vgl. S. 35 f.).

Sachliche Unzulässigkeit

LBVO § 8, Abs. 11, 12 und 13

(11) Schriftliche Überprüfungen sind unzulässig:

a) *in der Volksschule in Bildnerischer Erziehung, Leibesübungen* (nunmehr: Bewegung und Sport), *Werkerziehung (Technisches Werken, Textiles Werken) und Geometrischem Zeichnen,*

b) *in der Hauptschule in Bildnerischer Erziehung, Geometrischem Zeichnen, Leibesübungen* (nunmehr: Bewegung und Sport) *und Werkerziehung (Technisches Werken, Textiles Werken),*

c) in der Polytechnischen Schule in Leibesübungen (nunmehr: Bewegung und Sport), *Technischem Zeichnen und Werkerziehung,*

d) in den allgemein bildenden höheren Schulen in Darstellender Geometrie, Fremdsprachlicher Konversation, Geometrischem Zeichnen, Leibesübungen (nunmehr: Bewegung und Sport) *und Werkerziehung (Technisches Werken, Textiles Werken) sowie in der 1. bis 5. Klasse in Bildnerischer Erziehung,*

e) in Berufsschulen in Leibesübungen (nunmehr: Bewegung und Sport) *und Praktischer Arbeit und*

f) in den berufsbildenden mittleren und höheren Schulen in Leibesübungen (nunmehr: Bewegung und Sport).

(12) Für Sonderschulen finden die Bestimmungen des Abs. 11 lit. a und b sinngemäß Anwendung. Soweit schriftliche Überprüfungen danach zulässig sind, dürfen sie nur unter Bedachtnahme auf die jeweiligen physischen oder psychischen Behinderungen der Schüler durchgeführt werden.

(13) Tests sind in Unterrichtsgegenständen, in denen mehr als eine Schularbeit je Semester[1] *vorgesehen ist, unzulässig. An allgemein bildenden höheren Schulen und an Berufsschulen sind Tests in Unterrichtsgegenständen, in denen Schularbeiten durchgeführt werden, unzulässig.*

Zeitliche Unzulässigkeit

§ LBVO § 8 Abs. 6 und 7

(6) Schriftliche Überprüfungen dürfen nicht an einem unmittelbar auf mindestens drei aufeinander folgende schulfreie Tage oder eine mehrtägige Schulveranstaltung folgenden Tag durchgeführt werden. Diese Bestimmung gilt nicht für ganzjährige Berufsschulen.

(7) An einem Schultag, an dem bereits eine Schularbeit oder eine schriftliche Überprüfung in der betreffenden Klasse stattfindet, darf keine weitere schriftliche Überprüfung stattfinden. An Berufsschulen dürfen jedoch zwei schriftliche Leistungsfeststellungen an einem Schultag durchgeführt werden.

---

[1] Diese Bestimmung wird für Gegenstände, die drei Schularbeiten im Schuljahr vorsehen, wohl so zu interpretieren sein, dass in jenem Semester, in dem nur eine Schularbeit abgehalten wird, Tests zulässig sind.

Arbeitszeit-obergrenzen

§ LBVO § 8 Abs. 4

Die Arbeitszeit einer schriftlichen Überprüfung darf in den allgemein bildenden Pflichtschulen und in der Unterstufe der allgemein bildenden höheren Schulen 15 Minuten, in der Oberstufe der allgemein bildenden höheren Schulen 20 Minuten, ansonsten 25 Minuten nicht überschreiten.

Semester-obergrenzen

§ LBVO § 8 Abs. 5

Die Gesamtarbeitszeit aller schriftlichen Überprüfungen darf in jedem Unterrichtsgegenstand und in jedem Semester[1] *folgendes Höchstmaß nicht überschreiten:*

a) in allgemein bildenden Pflichtschulen 30 Minuten,

b) in der Unterstufe der allgemein bildenden höheren Schule 30 Minuten,

c) in der Oberstufe der allgemein bildenden höheren Schule 50 Minuten,

d) in den Bildungsanstalten für Kindergartenpädagogik und den Bildungsanstalten für Sozialpädagogik 50 Minuten,

e) in den berufsbildenden mittleren und höheren Schulen 80 Minuten und

f) in den Berufsschulen 50 Minuten (im gesamten Unterrichtsjahr).

Ankündigung

§ LBVO § 8 Abs. 2

Die schriftlichen Überprüfungen sind dem Schüler spätestens zwei Unterrichtstage vorher, in ganzjährigen oder saisonmäßigen Berufsschulen jedoch spätestens am letzten Unterrichtstag der vorhergehenden Woche bekannt zu geben.

i Der Tag der Ankündigung ist mitzurechnen, also z. B. schriftliche Überprüfung am Freitag, Ankündigung am Mittwoch.

---

[1] Gemeint ist: in jedem Unterrichtsgegenstand pro Semester.

§ LBVO § 8 Abs. 8

Der Tag der Durchführung einer schriftlichen Überprüfung ist vom Lehrer des betreffenden Unterrichtsgegenstandes spätestens am Tag der Durchführung im Klassenbuch zu vermerken.

Klassenbucheintrag

§ LBVO § 8 Abs. 9

Die Aufgabenstellungen nach Abs. 1 lit. a (d. h. bei Tests) *sind jedem Schüler in vervielfältigter Form vorzulegen.*

Aufgabenstellungen bei Tests

§ LBVO § 8 Abs. 10

Die schriftlichen Überprüfungen sind den Schülern innerhalb einer Woche korrigiert und beurteilt zurückzugeben. Den Erziehungsberechtigten ist Gelegenheit zur Einsichtnahme zu geben, sofern nicht die Wohnorte der Erziehungsberechtigten einerseits und des Schülers andererseits getrennt sind oder es sich nicht bereits um eigenberechtigte Schüler handelt.

Rückgabe und Aufbewahrung

i Als Beleg dafür, dass den Erziehungsberechtigten Gelegenheit zur Einsicht gegeben wurde, wird regelmäßig deren Unterschrift dienen.

Der Lehrer wird den Schülern die Tests also mit nach Hause zu geben haben. Zumindest aber muss wohl die Möglichkeit gegeben werden, die Arbeiten in der Schule zu kopieren. Da im Gegensatz zu Schularbeiten keine Aufbewahrungspflicht vorgesehen ist, sind dem Schüler die Tests auf Verlangen nach Ablauf des Schuljahres auszuhändigen. Im Falle einer Berufung wegen Nichtberechtigung zum Aufsteigen, die sich auf die Behauptung unrichtiger Einzelbeurteilungen stützt, hält der Schüler damit u. U. ein wichtiges Beweismittel in Händen. Ihn trifft allerdings im Verfahren eine Mitwirkungspflicht nach AVG und sicherlich wird ihn die Schulbehörde erster Instanz zur Vorlage der Tests auffordern. Wird die Vorlage verweigert, so wird die Schulbehörde von den Angaben der Schule ausgehen (Fankhauser 1992/93, S. 28 f.).

Wiederholen von schriftlichen Überprüfungen

§ LBVO § 8 Abs. 14

§ 7 Abs. 11 [einmalige Wiederholung mit neuer Aufgabenstellung, wenn mehr als die Hälfte der Schüler „Nicht genügend"] *ist sinngemäß anzuwenden. Ist die Wiederholung einer schriftlichen Überprüfung aus inhaltlichen Gründen nicht möglich, so gilt sie als Informationsfeststellung (§ 1 Abs. 2) und ist als Grundlage für die Leistungsbeurteilung nicht heranzuziehen.*

i Es gelten grundsätzlich die gleichen Bestimmungen wie für das Wiederholen von Schularbeiten. Eine Wiederholung wird aus inhaltlichen Gründen dann nicht möglich sein, wenn sich wegen der Enge des Lehrstoffgebietes keine neue Aufgabenstellung finden lässt.

Schriftliche Überprüfungen:
Das Wichtigste in Kürze

- nur wenn unbedingt notwendig
- nicht, wenn mehr als eine Schularbeit pro Semester vorgesehen ist (an AHS und Berufsschulen in Schularbeitengegenständen grundsätzlich nicht)
- nicht nach mindestens drei aufeinander folgenden schulfreien Tagen oder mehrtägigen Schulveranstaltungen (Ausnahme: ganzjährige Berufsschulen)
- nicht, wenn an diesem Tag bereits eine schriftliche Leistungsfeststellung erfolgt (an Berufsschulen jedoch zwei schriftliche Leistungsfeststellungen pro Tag gestattet)
- zwei Unterrichtstage vorher ankündigen (in ganzjährigen und saisonmäßigen Berufsschulen spätestens am letzten Unterrichtstag der vorhergehenden Woche)
- nicht länger als 15 Minuten (allgemein bildende Pflichtschulen und AHS-Unterstufe) bzw. 20 Minuten (AHS-Oberstufe) bzw. 25 Minuten
- im Semester insgesamt höchstens 30 Minuten (allgemein bildende Pflichtschulen und AHS-Unterstufe) bzw. 50 Minuten (AHS-Oberstufe und Bildungsanstalten für Kindergarten- oder Sozialpädagogik) bzw. 80 Minuten (BMHS); in Berufsschulen höchstens 50 Minuten im gesamten Unterrichtsjahr
- Korrektur und Beurteilung binnen einer Woche
- einmalige Wiederholung, wenn mehr als 50 % „Nicht genügend" und Wiederholung inhaltlich möglich; bessere Leistung gilt

5.3 Konstruktion und Beurteilung von schriftlichen Arbeiten

5.3.1 Aufgabentypen

Eine grundsätzliche Entscheidung bei der Konstruktion schriftlicher Leistungsfeststellungen betrifft die Wahl der einzusetzenden Aufgabentypen. Während *gebundene* Aufgaben die Antwortmöglichkeiten vorgeben, ist bei *ungebundenen (offenen)* Aufgaben eine mehr oder weniger freie Beantwortung durch den Schüler möglich.

Die vier wichtigsten Typen werden im Folgenden anhand von Beispielen aus dem kaufmännischen Unterricht erläutert:

Multiple-choice-Aufgaben

MC-Aufgaben sind gebundene Aufgaben. Sie bestehen aus einem „Stamm", der eine kurze Information enthält, einem Frageteil und mehreren vorgegebenen Antwortalternativen. Von den Lösungsmöglichkeiten ist in der Regel eine richtig, drei bis maximal fünf Distraktoren (Falschantworten) sorgen dafür, dass sich die Ankreuzungen verteilen (distrahieren). Trifft ausnahmsweise mehr als eine der Lösungen zu, ist ein entsprechender Hinweis angebracht.

Wenn Ihr Jahreseinkommen um 50 % steigt, während die Preise der Waren, die Sie kaufen, um 100 % steigen, dann ist Ihr

o Realeinkommen gestiegen.
o Realeinkommen gesunken.
o Nominaleinkommen gesunken.
o Realeinkommen nicht betroffen.

(Aus: Beck/Krumm 1998)

Richtig-Falsch-Items

R-F-Items sind MC-Aufgaben mit den beiden Antwortalternativen richtig/falsch.

Können Sie folgende Waren über die Börse verkaufen?

Kaffee	o ja	o nein
Fisch	o ja	o nein
Ein Gemälde von Rembrandt	o ja	o nein
Getreide	o ja	o nein

Kreuzen Sie Zutreffendes an:

- o Man braucht bei Zahlungsverzug grundsätzlich nicht zu mahnen, sondern kann sofort klagen.
- o Eine Mahnung kann formfrei, d. h. mündlich, schriftlich etc., erfolgen.
- o Eine Mahnung soll eingeschrieben erfolgen.
- o Eine Mahnung unterbricht die Verjährungsfrist von drei Jahren.

Kurzantwortaufgaben

Kurzantwortaufgaben sind ungebundene Aufgaben. Dabei ist eine gestellte Frage frei, aber relativ kurz zu beantworten.

Bei einer Produktionsmenge von 20 Stück betragen die Fertigungskosten € 300,00. Bei einer Produktionsmenge von 30 Stück belaufen sie sich auf € 600,00. Wie hoch ist der Reagibilitätsgrad und um welchen Kostentyp handelt es sich daher?

Welche Buchung ist vorzunehmen, wenn eine gebildete Rückstellung in ihrer Höhe dem realisierten Aufwand entspricht?

Nennen Sie Standortfaktoren, die in jüngster Zeit große Wichtigkeit erlangt haben. Geben Sie zu jedem Punkt einen Kommentar in Stichworten.

Essay-Aufgaben

Essay-Aufgaben (aufsatzartige Aufgaben) sind ungebundene Aufgaben, bei denen der Schüler einen längeren Text (ab etwa einer halben Seite bis mehrere Seiten) verfassen muss (z. B. Formulierung subjektiver Stellungnahmen, Darstellung eines umfänglicheren Sachzusammenhanges). Sie werden häufig für die Komplexitätsstufen Verstehen, Analyse, Synthese und Bewertung eingesetzt.

Wesentliches Merkmal des Marketing ist die systematische Kombination der absatzpolitischen Instrumente Kommunikations-, Produkt-, Preis- und Distributionspolitik. Entwerfen Sie ein konkretes, auf ein bestimmtes Produkt bezogenes Beispiel und zeigen Sie daran auf, dass die absatzpolitischen Instrumente *systematisch* aufeinander bezogen sind.

Besprechen Sie die Bedeutung des Fremdenverkehrs für die österreichische Wirtschaft und gehen Sie auf die spezifischen Probleme der Fremdenverkehrsbetriebe ein.

5.3.2 Gebundene oder ungebundene Aufgaben?

Während in der Praxis meist ungebundene Aufgaben bevorzugt werden, empfiehlt die Literatur den verstärkten Einsatz gebundener Aufgaben. Für beide Typen lassen sich gute Argumente anführen.

Für gebundene Aufgaben spricht:

Vorteile gebundener Aufgaben

- Der höhere Konstruktionsaufwand amortisiert sich durch die extrem rasche und einfache Auswertbarkeit, insbesondere dann, wenn diese Aufgaben wiederholt eingesetzt werden.
- Es kann eindeutig festgestellt werden, ob eine Lösung richtig oder falsch ist. Dagegen sind offene Aufgaben oft ausgesprochen korrekturaufwändig.
- Das Problem schlecht lesbarer Handschriften entfällt.
- Die Auswertung ist objektiv. Dagegen wird das Beurteilungsergebnis bei offenen Aufgaben nachweislich beeinflusst durch Vorinformationen des Lehrers (es besteht z. B. die Tendenz, Aufsätze von als gut bekannten Schülern besser zu beurteilen), durch die formale Gestaltung (z. B. Handschrift, Grammatik), durch die Dauer der schulpraktischen Erfahrung des Lehrers (je länger sie ist, desto strenger fallen tendenziell die Lehrerurteile aus) oder durch die Reihenfolge der Beurteilung (die zuerst korrigierten Aufgaben werden tendenziell strenger beurteilt).
- Schülern mit Formulierungsproblemen kommen gebundene Aufgaben entgegen. Dagegen messen offene Aufgaben zwangsläufig auch Sprachkompetenz und Schreibgeschwindigkeit des Schülers.
- Durch die kurzen Antwortzeiten lassen sich vergleichsweise mehr Fragen stellen, wodurch mehr Lernziele geprüft werden können und die Prüfung reliabler (zuverlässiger) wird.

Vorteile ungebundener Aufgaben

Für den Einsatz offener Aufgaben spricht:

- Gebundene Aufgaben weisen eine hohe Ratewahrscheinlichkeit auf (sie beträgt bei RF-Aufgaben zum Beispiel 50 %, bei MC-Aufgaben mit vier Alternativen immerhin noch 25 %). Dieses Problem entfällt bei offenen Aufgaben.
- Vielen Lehrern fällt es schwer, anspruchsvolle gebundene Aufgaben zu formulieren. Gebundene Aufgaben verleiten außerdem dazu, triviale Fragen zu konstruieren, etwa indem bei der „Kon-

struktion" bloß Merksätze aus dem Lehrbuch abgeschrieben werden.

- Prinzipiell lassen sich zwar sowohl mit gebundenen als auch mit ungebundenen Aufgaben Lernziele oberhalb des bloßen Reproduktionsniveaus abprüfen (vgl. auch Dubs/Delhees/Metzger 1974, S. 36 f., und die dort referierten Untersuchungen) – allerdings mit unterschiedlichem Konstruktionsaufwand. Gebundene Aufgaben erfordern, wenn nicht bloße Reproduktion getestet werden soll, einen hohen Konstruktionsaufwand. Auch das Entwerfen von Distraktoren, die für den Schüler realistisch wählbar sind, ist zeitaufwändig.
- Leistungen, bei denen kreative Komponenten eine Rolle spielen, können mit gebundenen Aufgaben in der Regel nicht erfasst werden.
- Offene Aufgaben informieren reichhaltiger über den Leistungsstand des Schülers. Ein Schüler, der bei einer gebundenen Aufgabe eine falsche Alternative nicht angekreuzt hat, muss beispielsweise keineswegs die richtige Alternative kennen oder wissen, warum eine Alternative falsch ist. Zudem informieren offene Aufgaben auch über den Lösungsweg, den der Schüler gewählt hat.

5.3.3 Checkliste für die Zusammenstellung schriftlicher Arbeiten

Für alle Aufgaben

- Ist das Lernziel, das diese Aufgabe misst, bedeutsam genug, um der Leistungsfeststellung zugrunde gelegt zu werden? Wie wäre die Aufgabe gegebenenfalls zu verändern, um sie relevanter zu gestalten (z. B. stärkere Annäherung an die spätere Verwendungssituation, Zulassung bestimmter Hilfsmittel)?
- Hatten die Schüler im Unterricht eine faire Chance, das durch die Aufgabe zu messende Lernziel zu erreichen?
- Ist die Aufgabe ein valider Indikator für das (die) Lehrziel(e)? Entspricht sie in Inhalt und Niveau dem angestrebten Lehrziel?
- Ist dem Lernziel eher eine gebundene oder eine offene Aufgabe angemessen? (Ergibt sich sachlich keine Präferenz, sind gebundene Aufgaben zu bevorzugen.)
- Die Anspannung in der Prüfungssituation kann das Sprachverständnis der Schüler einschränken; deshalb ist eine besonders verständliche Sprache angezeigt. Vermeidet die Aufgabe unnötige Schwierigkeiten, die mit dem zu prüfenden Lernziel nichts zu

tun haben (z. B. komplizierte Satzbauten, unnötige Fremdwörter oder unbekannte Abkürzungen)? Kann man Strukturierungshilfen geben, die die Verständlichkeit erhöhen (z. B. Hervorhebungen, Nummerierungen)? Ist die Aufgabe präzise formuliert?

- Ist die Aufgabe inhaltlich korrekt?
- Wurde die Aufgabe vorab vom Lehrer selbst beantwortet oder durchgerechnet? Nur so gelangt man zu einer realistischen Zeitschätzung und bemerkt allfällige Fehler und Schwierigkeiten. Auch die Aufgliederung von Aufgaben in Teilschritte wird dadurch oft präziser.

Für gebundene Aufgaben

- Sind alle Antwortalternativen *eindeutig* richtig oder falsch? Der Schüler soll nicht veranlasst werden, Kommentare oder einschränkende Annahmen anbringen zu müssen.
- Es sollten mindestens vier Antwortalternativen angeboten werden, um die Ratewahrscheinlichkeit vertretbar gering zu halten, im Interesse der Übersichtlichkeit aber nicht mehr als sechs Antwortalternativen.
- Die Positionen der richtigen Antworten sollten variieren. Die Alternativen sollten außerdem in Bezug auf Länge, Fachsprache und Grammatik möglichst parallel gehalten werden, um keine unwillentlichen Lösungshinweise zu geben.
- Sind die falschen Antwortalternativen plausibel und realistisch wählbar? Eine „gute" falsche Antwort sollte zugeschnitten sein auf das Verhalten eines intelligenten, aber falsch informierten Schülers. Gute Distraktoren findet man oft durch die Analyse falscher Schülerantworten bei offenen Aufgaben.
- Bei der Konstruktion der falschen Alternativen sollten nicht bloß negative Formen in richtige Aussagen eingesetzt werden, um sie falsch zu machen. Besser ist es, wirklich falsche Prinzipien oder ein falsches Verständnis vom jeweiligen Sachverhalt darzustellen. Aus den gewählten Falschantworten kann dann auf Denkfehler oder spezifische Kenntnisdefizite beim Schüler rückgeschlossen werden.
- Bei der Formulierung der Alternativen sind zu lange, inhaltsreiche Sätze zu vermeiden.

Für ungebundene Aufgaben

- Aus der Formulierung muss klar hervorgehen, was genau der Schüler in welchem Umfang und wie detailliert zu tun hat. Es sollten, wenn nötig, Hinweise auf die erwartete formale Antwortstruktur gegeben werden, indem man die Aufgabe zum Beispiel in Unterpunkte gliedert. Der Lehrer sollte deutlich machen, worauf es ihm ankommt und worauf der Prüfling achten soll, z. B. durch Formulierungen wie:

„Notieren Sie die Antwort in ganzen Sätzen.", oder aber: „Es genügt eine stichwortartige Antwort."

„Es wird ein Antwortumfang von zwei bis drei Zeilen/ca. zehn Sätzen/mindestens einer halben Seite erwartet. "

„Verwenden Sie keine Fachausdrücke, der Laie muss Sie verstehen.", oder aber: „Achten Sie auf die Verwendung der einschlägigen Fachterminologie."

„Erläutern Sie XY. Geben Sie zunächst eine Definition in einem, max. zwei Sätzen, und führen sie dann zwei konkrete Beispiele an."

- Wird die Punktezahl als Maßgröße für die Verwendung der Prüfungszeit eingesetzt, erhält der Schüler einen wichtigen Hinweis auf den erwünschten Umfang der Ausarbeitung.
- Komplexe Aufgabenstellungen sollten in Unterpunkte gegliedert werden.
- Die Anfertigung einer Musterantwort/eines präzisen Lösungskriteriums schon vor der Prüfung ist bei offenen Aufgaben unbedingt erforderlich. Keinesfalls darf das Lösungskriterium erst während der Korrektur entwickelt werden. Ein präzises, vorab angefertigtes Lösungskriterium ist die einzige Chance, sich vor Urteilsfehlern zu schützen! Dabei ist auch festzulegen, wie bei teilrichtigen Antworten verfahren wird (wie viele Punkte wofür, wie viele Abzüge wofür?).

Für die Komposition der Gesamtarbeit

- Stellen Sie sicher, dass die Aufgabenstichprobe ein möglichst repräsentatives Abbild des vorangegangenen Unterrichts ist. Was im Unterricht viel Zeit beansprucht hat, sollte auch in der Prüfung stärker gewichtet werden und umgekehrt.
- Werden die verschiedenen Lernzielniveaus angemessen berücksichtigt? Lebens- und Berufspraxis, Lehrplan und die Definitionen der Beurteilungsstufen in § 14 LBVO verlangen mehr als bloße Wissensreproduktion.
- Wie lange die Schüler für die Arbeit tatsächlich brauchen, ist gerade für unerfahrenere Lehrer oft nur schwer abzuschätzen. Als grobe Faustregel gilt: Der Lehrer sollte in der Lage sein, die Aufgaben vollständig in etwa einem Drittel bis der Hälfte der den Schülern zugestandenen Zeit zu bewältigen. In keinem Falle sollte den Schülern ein höheres Arbeitstempo abverlangt werden, als im Unterricht üblich war.
- Es sollten in einer Arbeit nicht mehr als zwei verschiedene Aufgabentypen benutzt werden. Die ständige Umstellung verwirrt un-

nötig. Gleiche Typen (z. B. alle MC-Aufgaben und alle Kurzantwortaufgaben) sollten je blockweise und gut sichtbar voneinander getrennt gruppiert werden.

- Ein verstärkter Einsatz gebundener Aufgaben ist zu empfehlen. Dadurch können in der verfügbaren Zeit mehr Aufgaben zu mehr Lehrzielen gestellt werden, wodurch sich Zuverlässigkeit und Gültigkeit der Prüfung erhöhen. Außerdem werden die Objektivität der Prüfung erhöht und die Auswertung erleichtert.
- Die einfacheren Aufgaben sollten an den Anfang gestellt werden („Eisbrecher"). Damit wird einerseits verhindert, dass der Schüler gleich am Anfang entmutigt wird, andererseits, dass er sich zu lange bei schwierigen Aufgaben am Beginn aufhält und wertvolle Zeit für die Bearbeitung der anderen Aufgaben verliert.[1] Die schwierigsten Aufgaben sollten bei längeren Arbeiten eher in der Mitte angesiedelt werden, weil gegen Ende häufig die Konzentration der Schüler nachlässt.
- Sorgen Sie dafür, dass alle Schüler die gleichen Aufgaben bearbeiten. Es ist sowohl davon abzuraten, Aufgaben zur Auswahl anzubieten, als auch davon, verschiedene „Gruppen" zu bilden, weil es nahezu unmöglich ist, zwei wirklich parallele Arbeiten zu entwerfen. Am ehesten vertretbar ist noch die Splittung der Arbeit in zwei Teile, wobei eine Hälfte der Schüler zuerst den ersten, die andere den zweiten Teil bearbeitet. In der „Halbzeit" wird dann gewechselt.[2]
- Es gibt keinen Grund, den Schülern die Punktewerte für die einzelnen Aufgaben und den Notenschlüssel auf der Angabe zu verschweigen – es sein denn, das Leistungskriterium soll erst *nach* der Korrektur definiert werden. Das wiederum wäre nicht nur ein pädagogisches Armutszeugnis, sondern auch ungesetzlich (vgl. zu den Standards der Leistungsbeurteilung S. 83 ff.).
- Die Gestaltung der Angabe sollte den Schülern in Orthographie und Layout Vorbild sein.

---

[1] Zwar wird den Schülern die Reihenfolge, in der sie die Aufgaben bearbeiten, oft freigestellt. Der Großteil der Schüler hält sich bei der Bearbeitung jedoch erfahrungsgemäß an die vorgegebene Reihenfolge, und in jedem Falle werden die Aufgaben zumindest in der vom Lehrer gestellten Reihenfolge *gelesen*.

[2] Ob diese Vorgangsweise rechtlich zulässig ist, ist jedoch zweifelhaft (vgl. RdS 1/83, S. 23 f.).

5.3.4 Empfehlungen für die Korrektur schriftlicher Arbeiten

Allgemein

- Keine Korrektur ohne Musterlösung bzw. ausformuliertes Lösungskriterium!
- Bei der Korrektur der Arbeiten sollten zur Erhöhung der Auswertungsobjektivität die Namen der Schüler möglichst nicht zur Kenntnis genommen werden!
- Zur Erleichterung der Besprechung mit dem Schüler oder für den Fall etwaiger Berufungen sollten kurze Notizen, Vermerke oder Zeichen angebracht werden, die Punkteabzüge begründen.
- Die Aufgaben sollten quer korrigiert werden, d. h. zunächst die erste Aufgabe bei allen Schülern, dann die zweite usw. Diese Vorgangsweise beschleunigt nicht nur die Korrektur beträchtlich, sie erhöht auch die Objektivität. Eintretende Ermüdung oder Ungeduld wirkt sich dann auf alle Arbeiten gleichmäßig aus. Außerdem vermeidet man die am Schluss wohlwollendere Beurteilung von Arbeiten mit anfänglich guten Antworten und umgekehrt.

Offene Aufgaben

- Grundsätzlich kann empfohlen werden: Es sollte nicht global, sondern analytisch beurteilt werden, d. h. die Idealantwort ist in Teilbereiche oder Einzelaspekte zu gliedern, wobei für jedes Element Punkte gegeben werden. Bei großen Aufgaben bewährt sich das negative Verfahren meist besser: für jedes fehlende oder falsche Element werden Minuspunkte berechnet. Aber: Man wird mit großer Wahrscheinlichkeit feststellen, dass die analytisch gewonnene Punktezuteilung auch nach mehrmaligem Lesen häufig nicht mit dem intuitiv gewonnenen Gesamteindruck übereinstimmt. In diesem Fall neigt man häufig dazu, den Punktwert entsprechend zu korrigieren. Diese Praxis kann durchaus sinnvoll sein, insoweit das Ganze mehr oder etwas anderes ist, als die Summe seiner Teile. Das Phänomen der Übersummativität kann keine arithmetisch noch so sauber gewonnene Punktesumme adäquat abbilden (vgl. auch Hahn/Fischer 1995).
- Bei offenen Aufgaben sollten mögliche Beurteilungsfehler kontrolliert werden: Arbeiten mit vielen orthographischen/grammatikalischen Fehlern, schlechter Handschrift und/oder wenig Text müssen nicht inhaltlich unzulänglich sein und umgekehrt!

Gebundene Aufgaben und Ratewahrscheinlichkeit

- Bei gebundenen Aufgaben kann ein Schüler mittels blindem Raten richtige Antworten finden. Die Ratewahrscheinlichkeit sinkt proportional mit der Zahl der Antwortalternativen. Bei RF-Aufgaben beträgt sie beispielsweise 50 %, bei MC-Aufgaben mit vier Alternativen 25 %. Das bedeutet, dass ein völlig uninformierter Schüler beispielsweise von zwölf RF-Aufgaben im Schnitt sechs, von zwölf MC-Aufgaben mit je vier Antwortalternativen drei richtig haben wird.

Diesem Problem kann man bei der Punktevergabe durch eines der beiden folgenden Verfahren begegnen.

Ein Test bestehe aus zwölf Multiple-choice-Aufgaben mit je vier Antwortalternativen. Ein Schüler, der nichts gelernt hat, wird voraussichtlich drei Fragen zufällig richtig beantworten. Es empfiehlt sich deshalb, für den Test insgesamt neun Punkte anzusetzen, und erst ab der vierten richtig gelösten Aufgabe jeweils einen Punkt pro Aufgabe zu vergeben. Dieses Verfahren hat den (eher kosmetischen) Nachteil, dass ein Schüler, der alle Aufgaben gelöst hat, nicht der Anzahl der Aufgaben entsprechend zwölf Punkte, sondern nur neun bekommt.

Dieses Problem löst das zweite Verfahren. Dabei zieht man für jede falsch beantwortete Aufgabe den Wert

$$\frac{\textit{Anzahl der Alternativen}}{\textit{Anzahl der Alternativen} - 1}$$

ab, im Beispiel also 4/3 Punkte. Auch hier erhält ein Schüler, der drei Fragen richtig beantwortet hat, 0 Punkte, ein Schüler, der alle Aufgaben gelöst hat, jedoch 12.

5.3.5 Anlage und Wartung des Aufgabenpools

Es ist sinnvoll, sich im Laufe der Zeit – idealerweise im kollegialen Austausch – einen Aufgabenpool anzulegen, aus dem dann bei Bedarf Aufgaben für eine Schularbeit oder einen Test ausgewählt werden können. Dieser Pool sollte ständig überarbeitet werden, indem neue Aufgaben konstruiert und unzweckmäßige ausgeschieden werden. Insbesondere ist auf eine angemessene Schwierigkeit und Trennschärfe der eingesetzten Aufgaben zu achten.

Trennschärfe

Trennschärfe ist der Grad, mit dem eine Aufgabe zwischen guten (leistungsstarken) und schlechten (leistungsschwachen) Schülern trennen kann. Eine Aufgabe ohne jede Trennschärfe würde von guten und schlechten Schülern gleich gut oder schlecht beantwortet werden. Auch eine negative Trennschärfe ist denkbar. Eine solche

Aufgabe wird von guten Schülern nicht und von schlechten Schülern sehr wohl gelöst. Das kann etwa dann auftreten, wenn die Aufgabe durch ihre Formulierung die guten Schüler auf falsche Lösungswege lockt, während die schlechten sie richtig lösen, weil sie über die Aufgabe nicht nachdenken, sondern sie mechanisch beantworten.

Über ein einfaches Berechnungsverfahren[1] kann sich der Lehrer einen groben Eindruck von der Trennschärfe der von ihm verwendeten Aufgaben verschaffen. Die Arbeiten der Schüler werden nach erreichter Punktezahl in der Gesamtarbeit geordnet und anschließend in eine bessere (B) und schlechtere (S) Hälfte aufgeteilt. Die Trennschärfe einer Aufgabe wird dann grob ermittelt nach:

(LB – LS)/halbe Schülerzahl

LB = Zahl der richtigen Lösungen dieser Aufgabe in der besseren Hälfte
LS = Zahl der richtigen Lösungen dieser Aufgabe in der schlechteren Hälfte

Die halbe Schülerzahl entspricht der maximal möglichen Differenz zwischen LB und LS. Die so ermittelte Trennschärfe kann daher zwischen –1.0 (diese Aufgabe wurde nur von den gesamthaft schlechteren Schülern gelöst) und +1.0 (diese Aufgabe wurde nur von den gesamthaft besseren Schülern gelöst) schwanken. Ideal ist eine Trennschärfe ab etwa +0.4. Aufgaben mit einer Trennschärfe von unter +0.2 oder gar mit negativer Trennschärfe sind zu eliminieren.

Aufgabenschwierigkeit

Eine von allen Schülern über verschiedene Tests oder Schularbeiten hinweg immer wieder gelöste Aufgabe ist ebenso wenig informationshaltig wie eine Aufgabe, die nie jemand richtig löst.[2]

Die *Aufgabenschwierigkeit* wird über den Lösungsanteil einer Aufgabe ermittelt. Dies ist die Summe der richtigen Lösungen prozentuiert auf die Zahl der Schüler. Eine Aufgabe ist also umso leichter, je höher dieser Wert ist. Als Faustregel kann gelten: langfristig[3] soll-

---

[1] Streng genommen wären die bei der fraglichen Aufgabe erreichten Punkte mit den bei der Arbeit insgesamt erreichten Punkten zu korrelieren.

[2] Beachten Sie jedoch: Wird strikt lehrzielorientiert geprüft (vgl. das Kapitel über die Beurteilungsmaßstäbe, S. 83 ff.) und wurden die Aufgaben unter Relevanz- und Validitätsgesichtspunkten überprüft, dann ist ein hoher Lösungsanteil im Grunde Anlass zur Freude: Viele Schüler haben die Lernziele erreicht. Auch die Trennschärfe wird dann gering sein.

[3] D. h. bei mehrmaligem Einsatz! Die Aufgabenschwierigkeit ist ja nicht nur Merkmal der Aufgabe, sondern auch ein Merkmal der Schülerstichprobe. Eine „Aufgabenschwierigkeit“, die an nur wenigen Schülern ermittelt wurde, verweist u. U. auf über- oder unterdurchschnittliche Fähigkeitsniveaus der Schüler und weniger auf die Schwierigkeit der Frage.

te der Schwierigkeitsgrad einer Aufgabe nicht unter 25 % und nicht über 75 % liegen.

Mögliche Gründe für einen hohen Lösungsanteil (d. h. viele richtig gelöste Aufgaben): Lernziele wurden von vielen Schülern erreicht; Aufgaben waren zu leicht.

Mögliche Gründe für einen niedrigen Lösungsanteil (d. h. wenig richtig gelöste Aufgaben): Lernziele wurden nicht erreicht; Aufgaben waren zu schwer; Aufgabenstellung war unklar; Zeit war zu knapp bemessen.

Dabei besteht zwischen Trennschärfe und Schwierigkeitsgrad folgender Zusammenhang: Aufgaben mit mittlerem Schwierigkeitsgrad sind trennschärfer als sehr leichte oder sehr schwere Aufgaben. Eine Ursache für eine geringe Trennschärfe kann daher auch darin liegen, dass die Aufgabe zu leicht oder zu schwer war.

Eine Schwierigkeit entsteht bei der Ermittlung von Trennschärfe und Schwierigkeitsgrad für aufsatzartig zu beantwortende Aufgaben (Essay-Aufgaben), weil entschieden werden muss, ob eine Aufgabe prinzipiell richtig oder falsch war. Essay-Aufgaben liefern jedoch in der Regel „teilweise richtige" Antworten. Es empfiehlt sich in diesem Fall (weil in der erreichten Gesamtpunktzahl auch teilweise richtige Lösungen mitverrechnet worden sind), alle Aufgaben als richtig zu zählen, welche mehr als die Hälfte der möglichen Punkte erreichen.

Wartung des Aufgabenpools

Für die Wartung des Aufgabenpools ergibt sich:

- Aufgaben, die sich langfristig als zu leicht oder zu schwer erwiesen haben, sind zu eliminieren (Schwierigkeitsgrad nicht unter 25 %, nicht über 75 %).
- Bei Aufgaben mit niedrigem Lösungsanteil (schwierigen Aufgaben) ist zu überprüfen, ob sie klar formuliert sind und die Bearbeitungszeit angemessen ist.
- Aufgaben, die nicht hinreichend trennscharf sind, sind zu eliminieren.
- Bei MC-Aufgaben sind die Distraktoren zu analysieren. Distraktoren, die häufig von guten Schülern gewählt werden, und solche, die überhaupt nicht gewählt werden, sind zu eliminieren.

6 Praktische und graphische Leistungsfeststellungen

6.1 Praktische Leistungsfeststellungen

Praktische Leistungsfeststellungen dürfen nur durchgeführt werden, wenn andernfalls keine sichere Leistungsbeurteilung über ein Semester oder die Schulstufe möglich ist. Eine stärkere Betonung der Komponente des praktischen Arbeitens ist jedoch jederzeit im Rahmen der Feststellung der Mitarbeit möglich.

Begriff

§ LBVO § 9 Abs. 1, erster Satz

Praktische Leistungsfeststellungen sind in Form von praktischen Prüfungen durchzuführen, die das Ergebnis der lehrplanmäßig vorgesehenen Arbeiten und sonstigen praktischen Tätigkeiten der Schüler als Grundlage haben.

i Praktische Leistungsfeststellungen, z. B. Demonstrationen am Computer, sind praktische Prüfungen, die das *Ergebnis* der lehrplanmäßig vorgesehenen Arbeiten und sonstigen praktischen Tätigkeiten der Schüler als Grundlage haben; im Gegensatz dazu wird die *Durchführung* der praktischen Tätigkeit im Rahmen der Feststellung der Mitarbeit überprüft (Jonak/Kövesi 2003, S. 812, Anm. 1).

Die Einbeziehung mündlicher, schriftlicher, praktischer und graphischer Arbeitsformen ist zulässig.[1]

Durchführung auf Wunsch des Schülers

§ LBVO § 9 Abs. 2, zweiter Satz

Der Schüler hat *das Recht, in Unterrichtsgegenständen mit überwiegend praktischer Tätigkeit in jedem Semester eine prakti-*

---

[1] Auf die diesbezüglichen Abgrenzungsschwierigkeiten wurde bereits hingewiesen. Die Regelungen zur mündlichen Prüfung sind wesentlich präziser (zwei voneinander unabhängige Fragen, Ankündigungspflicht, Prüfungszeitobergrenze usw.). Hat es sich, so die problematische Frage, im Einzelfall um eine mündliche Prüfung oder um eine praktische Leistungsfeststellung unter Einbeziehung mündlicher Arbeitsformen gehandelt, und gilt daher § 5 oder § 9 LBVO?

sche Prüfung auf Verlangen abzulegen; der gewünschte Prüfungstermin ist dem prüfenden Lehrer mindestens zwei Wochen vorher bekannt zu geben; dem Terminwunsch ist nach Möglichkeit zu entsprechen.

Kosten-Nutzen-Abwägung

§ LBVO § 9 Abs. 3

Bei der Durchführung praktischer Leistungsfeststellungen sind die Grundsätze des pädagogischen Ertrages und der Sparsamkeit zu beachten.

Prüferverhalten

§ LBVO § 9 Abs. 4

Auf Fehler, die während einer praktischen Leistungsfeststellung auftreten und die die weitere Lösung der Aufgabe wesentlich beeinflussen, ist nach Möglichkeit sogleich hinzuweisen.

i Die Note ist dem Schüler spätestens am nächsten Unterrichtstag, an dem der betreffende Unterrichtsgegenstand wieder unterrichtet wird, bekannt zu geben (§ 11 Abs. 3 LBVO).

Gelegenheit zur Übung

§ LBVO § 9 Abs. 5

Praktische Leistungsfeststellungen in einem Übungsbereich dürfen nur dann durchgeführt werden, wenn dem Schüler angemessene Gelegenheit zur Übung in diesem Übungsbereich geboten wurde. Häusliche Arbeit darf für praktische Leistungsfeststellungen nicht herangezogen werden.

i Häusliche Arbeit ist jedoch in die Feststellung der Mitarbeit einzubeziehen.

Sonderschulen

§ LBVO § 9 Abs. 6

An Sonderschulen dürfen praktische Leistungsfeststellungen nur unter Bedachtnahme auf die jeweiligen physischen oder psychischen Behinderungen der Schüler durchgeführt werden.

Zur Bedeutung praktischer Prüfungen: Wissen versus Können

Praktisches Prüfen, sei es im Rahmen der Mitarbeitsfeststellung, sei es in Gestalt besonderer praktischer Leistungsfeststellungen, verdient zweifellos eine Aufwertung in unseren Schulen (vgl. ausführlich Neuweg 2001). Bildung besteht vielfach nicht einfach darin, etwas zu *kennen*, sondern es auch zu *können*. Nicht jeder Schüler, der theoretisch weiß, wie etwas geht, muss es auch praktisch beherrschen (sog. „träges Wissen"). Umgekehrt mag es sein, dass ein Schüler eine Sache gut praktiziert, obwohl er nicht sonderlich beeindruckend über sie reden kann (sog. „implizites Wissen"). Ein Fahrlehrer, der die Fähigkeit zum Rückwärtseinparken durch Wissenstests prüft, misst lediglich das Vermögen, beschreiben zu können, welche Handlungen man in welcher Reihenfolge ausführen muss, nicht aber auch die Fähigkeit, tatsächlich einparken zu können. Und umgekehrt kann der routinierte Autofahrer zwar flüssig und ohne viel nachzudenken einparken, scheitert aber vielleicht am Wissenstest.

Praktische Prüfungen sind deshalb vielfach lebensnäher und valider als solche, die bloß auf Wissen abstellen. Ob der Flugzeugpilot Wolkenformationen, der Weinkenner Rebsorten, der Pilzesammler Giftpilze, der Textilfachmann Stoffqualitäten, der Lehrer Stimmungen in der Klasse, der Dermataloge Melanome und der Kunstkritiker Fälschungen erkennen kann, zeigt sich nicht im Wissenstest.

So richtig es ist, dem Wissen an sich einen Bildungswert zuzuschreiben, der sich nicht bloß an seiner Nützlichkeit abtragen lässt, so wichtig wäre es gleichzeitig, Wissen auch als Werkzeug zu verstehen: Es ist eine Sache, einen Hammer beschreiben zu können, und eine andere, mit ihm hämmern zu können – so, wie es eine Sache ist, Theorien referieren, und eine andere, sie zur Deutung von Erfahrung und zur Lösung von Problemen einsetzen zu können. Deshalb ist es häufig besser, Prüflingen beim Hämmern zuzusehen, statt sie Hämmer beschreiben zu lassen. (Dabei kann es übrigens oft recht gleichgültig sein, welchen Hammer der Prüfling verwendet. Lehrer neigen bisweilen zu der irrigen Annahme, praktische Probleme könnten nur mit der Art von Wissen bewältigt werden, die Schule vermittelt und prüft.)

Wann immer unsicher ist, ob Wissen notwendige und hinreichende Bedingung für praktisches Können ist, sollten jedenfalls nicht auf Umwegen, sondern unmittelbar praktisch geprüft werden.

Sich bei Prüfungen an dem zu orientieren, was jemand *tut*, und nicht an dem, was er *herzusagen* vermag, erfordert im Übrigen einen gewissen professionellen Mut. Während nämlich auch der schwächere Prüfling einzusehen vermag, warum er am Wissenstest gescheitert ist, versteht die Begründung für eine Könnensnote im Vollumfang bisweilen nur, wer selbst schon Könner ist.

Gefordert ist außerdem, dass der Lehrer jene Kunst oder Methode ein Stück weit selbst beherrscht, von der er Beispiele bewerten soll. „Der kompetente Kritiker für Prosastil, Experimentalverfahren oder Stickereien muss wenigstens schreiben, Versuche anstellen oder nähen können" und „wenn einer die Witze eines anderen verstehen will, dann braucht er dazu unbedingt einen Sinn für Humor, und zwar gerade jene Sorte von Humor, die in diesen Witzen zum Ausdruck kommt" (Ryle 1969, S. 67).

6.2 Graphische Leistungsfeststellungen

§ LBVO § 10, erster Satz

Graphische Leistungsfeststellungen in mathematischen, naturwissenschaftlichen und technisch-fachtheoretischen Unterrichtsgegenständen sind wie schriftliche Leistungsfeststellungen, graphische Leistungsfeststellungen in den übrigen Unterrichtsgegenständen sind wie praktische Leistungsfeststellungen zu behandeln.

i Auch graphische Leistungsfeststellungen sind, sofern inhaltlich möglich, einmal zu wiederholen, wenn mehr als die Hälfte der Schüler mit „Nicht genügend" zu beurteilen ist (§ 18 Abs. 11 SchUG).

Leistungsbeurteilung

1 Beurteilungsstufen (Noten)

§ LBVO § 14

(1) Für die Beurteilung der Leistungen der Schüler bestehen folgende Beurteilungsstufen (Noten): Sehr gut (1), Gut (2), Befriedigend (3), Genügend (4), Nicht genügend (5).

(2) Mit „Sehr gut" sind Leistungen zu beurteilen, mit denen der Schüler die nach Maßgabe des Lehrplanes gestellten Anforderungen in der Erfassung und in der Anwendung des Lehrstoffes sowie in der Durchführung der Aufgaben in weit über das Wesentliche hinausgehendem Ausmaß erfüllt und, wo dies möglich ist, deutliche Eigenständigkeit beziehungsweise die Fähigkeit zur selbstständigen Anwendung seines Wissens und Könnens auf für ihn neuartige Aufgaben zeigt.

(3) Mit „Gut" sind Leistungen zu beurteilen, mit denen der Schüler die nach Maßgabe des Lehrplanes gestellten Anforderungen in der Erfassung und in der Anwendung des Lehrstoffes sowie in der Durchführung der Aufgaben in über das Wesentliche hinausgehendem Ausmaß erfüllt und, wo dies möglich ist, merkliche Ansätze zur Eigenständigkeit beziehungsweise bei entsprechender Anleitung die Fähigkeit zur Anwendung seines Wissens und Könnens auf für ihn neuartige Aufgaben zeigt.

(4) Mit „Befriedigend" sind Leistungen zu beurteilen, mit denen der Schüler die nach Maßgabe des Lehrplanes gestellten Anforderungen in der Erfassung und in der Anwendung des Lehrstoffes sowie in der Durchführung der Aufgaben in den wesentlichen Bereichen zur Gänze erfüllt; dabei werden Mängel in der Durchführung durch merkliche Ansätze zur Eigenständigkeit ausgeglichen.

(5) Mit „Genügend" sind Leistungen zu beurteilen, mit denen der Schüler die nach Maßgabe des Lehrplanes gestellten Anforderungen in der Erfassung und in der Anwendung des Lehrstoffes sowie in der Durchführung der Aufgaben in den wesentlichen Bereichen überwiegend erfüllt.

(6) Mit „Nicht genügend" sind Leistungen zu beurteilen, mit denen der Schüler nicht einmal alle Erfordernisse für die Beurteilung mit „Genügend" (Abs. 5) erfüllt.

ℹ Durch die Noten ist also zu beurteilen

a) in welchem Ausmaß der Schüler die nach Maßgabe des Lehrplanes gestellten Anforderungen in der *Erfassung* und *Anwendung* des Lehrstoffes sowie in der *Durchführung* der gestellten Aufgaben erfüllt,

b) die *Eigenständigkeit* des Schülers, und

c) die Fähigkeit des Schülers zur *selbstständigen* Anwendung seines Wissens und Könnens auf für ihn neuartige Aufgaben.

Der Gesetzgeber unterscheidet somit zwei beurteilungsrelevante Leistungsaspekte, nämlich einen vorwiegend reproduktiven (Erfassung und Anwendung des Lehrstoffes sowie Durchführung der Aufgaben) und einen vorwiegend produktiven (Eigenständigkeit und Fähigkeit zur Anwendung auf neue Aufgaben).

Zu beachten ist, dass die Vergabe von „Zwischennoten“ rechtlich nicht vorgesehen ist. Insbesondere sind Zusätze zu den Noten (z. B. „Gut minus“) unzulässig (§ 15 Abs. 2 LBVO).[1]

---

[1] In der 1. und 2. Schulstufe der Volksschule und der Sonderschule kann das Klassenforum oder das Schulforum jedoch beschließen, dass den Noten eine Leistungsbeschreibung hinzuzufügen ist (§ 18 Abs. 2 SchUG).

Den Noten entsprechen dabei folgende Sachverhalte:

	Erfassung und Anwendung des Lehrstoffes; Durchführung der Aufgaben	Eigenständigkeit	selbstständige Anwendung des Wissens und Könnens auf neuartige Aufgaben
SEHR GUT	in *weit über* das Wesentliche hinausgehendem Ausmaß	*deutlich* (wo dies möglich ist)	muss vorliegen (wo dies möglich ist)
GUT	in *über* das Wesentliche hinausgehendem Ausmaß	*merklich* (wo dies möglich ist)	bei entsprechender Anleitung (wo dies möglich ist)
BEFRIEDIGEND	in den *wesentlichen* Bereichen zur *Gänze*	Mängel in der Durchführung der Aufgaben werden durch merkliche Ansätze ausgeglichen	
GENÜGEND	in den *wesentlichen* Bereichen *überwiegend*		
NICHT GENÜGEND	*nicht* einmal in den *wesentlichen* Bereichen überwiegend		

Implikationen

In die Definition der Beurteilungsstufen sind hochgradig unbestimmte Rechtsbegriffe eingeflossen, die dem Lehrer weitreichende Interpretationsspielräume geben.

Für die Konstruktion von Instrumenten zur Leistungsfeststellung ergeben sich zumindest die folgenden Implikationen:

- Schon beim „Genügend" spricht der Gesetzgeber von der Erfassung *und* Anwendung des Lehrstoffes als maßgeblichem Kriterium. Prüfungen dürfen sich deshalb nicht darauf beschränken, lediglich die Reproduktion von Wissen zu fordern.
- Zumindest ein Teil der Aufgaben sollte so gestellt sein, dass der Schüler Eigenständigkeit bzw. die Fähigkeit zur selbstständigen

Lösung von neuartigen Aufgaben prinzipiell zeigen kann. Andernfalls kann der Lehrer das Vorliegen der Voraussetzungen für die Vergabe der Noten „Sehr gut" und „Gut" (und in Einzelfällen „Befriedigend") nur eingeschränkt feststellen.

- Der Lehrer muss „wesentliche" von „weniger wesentlichen" Bereichen trennen. Während ein Schüler bereits positiv zu beurteilen ist, wenn er *die wesentlichen Bereiche überwiegend* beherrscht, wäre er negativ zu beurteilen, wenn er zwar weniger wesentliche Bereiche beherrscht, die wesentlichen aber nicht überwiegend!

Notenschlüssel

Für die in der Praxis sehr verbreitete Verwendung von Punkteschlüsseln bei schriftlichen Formen der Leistungsfeststellung bedeutet dies:

- Das übliche Verfahren der Vergabe von Punkten für Einzelaufgaben und ihrer Addition und späteren Transformation in Noten ist ebenso wie das bloße Zählen von Fehlern fragwürdig. Addiert werden dabei nämlich Aufgaben (bzw. Fehler), die Wesentliches und weniger Wesentliches testen, sowie Aufgaben, die Eigenständigkeit bzw. Selbstständigkeit prüfen, und solche, die nur Reproduktionsleistungen verlangen. Das so entstehende Punktekonglomerat kann dann nicht mehr auf die differenzierten, inhaltlich bestimmten Notenkategorien zurückgeführt werden. Dagegen ist der Lehrer angehalten, die einzelnen Aufgaben qualitativ im Hinblick auf die Wesentlichkeit der jeweiligen Anforderungen und das Niveau der geforderten intellektuellen Operationen zu würdigen.
- Aus der Rechtslage ergibt sich keinerlei Anhaltspunkt für die Konvention, eine positive Note ab Erreichen der 50 %-Punktemarke zu vergeben. Im Gegenteil würde diese Marke, wenn man die Verwendung von Notenschlüsseln überhaupt für zulässig hält, wohl eher unter 50 % liegen müssen. Denn ein Schüler mit der Note „Befriedigend" hat nicht alle Anforderungen erfüllt, wohl aber die Anforderungen in den wesentlichen Bereichen *zur Gänze*. Ein Schüler mit der Note „Genügend" erfüllt diese Anforderungen überwiegend, erreicht also mehr als 50 % der für ein Befriedigend erforderlichen Punkte.
- Aus der Rechtslage ergeben sich außerdem keinerlei Hinweise auf die Breite der einzelnen Notenklassen. Es ist beispielsweise keineswegs so, dass die Klasse „Sehr gut" schmäler gewählt

werden müsste, als die anderen positiven Notenklassen – es sei denn, man wollte die Zahl der sehr guten Noten auf diese Weise verknappen.

2 Bezugssysteme der Leistungsbeurteilung

Eine gemessene Leistung zu beurteilen heißt, sie mit einem Standard (Bezugssystem) zu vergleichen. Dabei stellt sich die Frage, *woran* der Lehrer das Niveau der Schülerleistung eigentlich zu messen hat. Im Prinzip kommen dafür drei Maßstäbe in Frage, die zu sehr verschiedenen Bewertungen bei gleichem Lernergebnis führen können (vgl. die Darstellungen der Problematik in der Literatur, z. B. bei Frey/Frey-Eiling 1992, Kap. 27.2; Kleber et al. 1976, S. 75 ff.; Posch/Schneider/Mann 1989, S. 117 ff.; Sacher 2004, S. 87 ff.). Der Schüler kann

- an anderen Schülern, insbesondere am Klassendurchschnitt gemessen werden (norm- oder durchschnittsorientierter Standard),
- an den gesetzten Lehrzielen gemessen werden (kriterien- oder lehrzielorientierter Standard),
- an seinem individuellen Leistungsvermögen gemessen werden (personorientierter Standard).

2.1 Normorientierung (Durchschnittsorientierung)

Begriff

Beim norm- oder durchschnittsorientierten Beurteilungsmodell wird die Beurteilung der Leistung von der relativen Stellung des Schülers in einer Bezugsgruppe (in der Regel der Schulklasse) abhängig gemacht.

Ein Lehrer, der durchschnittsorientiert beurteilt, vermeidet es, die Beurteilungsmaßstäbe vor der Durchführung einer Prüfung exakt festzulegen und definiert die Messlatte endgültig erst im Verlauf des Beurteilungsprozesses. Typisch sind etwa folgende Lehreraussagen:

> „Die Arbeiten werden erst durchkorrigiert, die Fehlerzahl wird festgestellt, das ist dann der Durchschnitt, ein Befriedigend, und nach dem gehen dann die Arbeiten nach oben oder nach unten."

„Es darf nicht so sein, dass die Vierer und Fünfer überwiegen, und es darf auch nicht sein, dass die Einser und Zweier überwiegen, dann ist meine Arbeit zu leicht gewesen, und dann muss ich einen strengeren Maßstab anlegen."

Der durchschnittsorientierte Standard ist in der Praxis weit verbreitet; sein Einfluss konnte in jeder Untersuchung nachgewiesen werden, die danach forschte (Ingenkamp 1985, S. 179). Dass Lehrer sich bei der Notengebung häufig am Leistungsdurchschnitt der Klasse orientieren, ist aus mehreren Gründen verständlich:

Zum einen ist weder den Notendefinitionen noch den Lehrplänen eindeutig zu entnehmen, welche Leistung ein Schüler, der beispielsweise mit „Befriedigend" zu beurteilen wäre, konkret zu erbringen hat. Die Versuchung ist daher groß, das „Befriedigend" am Durchschnitt der Schülerleistungen festzumachen. Zum anderen mag die Orientierung am Klassendurchschnitt mangelndem Selbstbewusstsein geschuldet sein. Zwar verfügt wohl jeder Lehrer über eine Vorstellung darüber, was der Schüler jedenfalls beherrschen sollte, um zu einer positiven Note zu gelangen. Dennoch schleicht sich häufig ein Gefühl des Unbehagens ein, wenn etwa 70 % der Schüler die Note „Sehr gut" erhalten. Auch Lehrer, die sich selbst als „sehr gute" Lehrer einschätzen, denken bei einem solchen Resultat oft zunächst an zu leichte Prüfungsaufgaben oder vorgetäuschte Leistungen.

Vorteil

Fraglos liegt ein Vorteil des normorientierten Standards in der impliziten Korrektur von Fehleinschätzungen des Schwierigkeitsgrades einer Arbeit oder von mangelnden Unterrichtsleistungen des Lehrers; in beiden Fällen verschlechtern sich kollektiv die Prüfungsergebnisse, der Maßstab wird aber zugleich milder.

Nachteile

Die Nachteile dieses Bezugssystems sind jedoch äußerst gravierend:

1. Die Note informiert den Schüler nur über seinen Leistungsstand relativ zu den Mitschülern, nicht aber darüber, wie nahe er an das Lernziel herangekommen ist.

2. Die zufällige Zugehörigkeit eines Schülers zu einer bestimmten Klasse entscheidet über die Bewertung seiner Leistung. Die damit verbundene ungleiche Benotung gleicher Leistungen bzw. gleiche Benotung ungleicher Leistungen ist ungerecht und beeinträchtigt die Vergleichbarkeit der Noten, beispielsweise für einen zukünftigen Arbeitgeber. Empirische Untersuchungen zeigen, dass gute Noten

auch in Klassen auftreten, in denen der Beste etwa jene Leistung bringt, die in anderen Klassen gerade noch für ein Genügend ausreicht. Ebenso gibt es in überdurchschnittlich guten Klassen negative Noten für Leistungen, die in schwächeren Klassen positiv beurteilt würden.

Für die Interpretation der Zeugnisnoten müsste der Adressat beim normorientierten Maßstab also neben dem Lehrplan auch den Leistungsdurchschnitt der betreffenden Schulklasse kennen. Daher ist wenig verwunderlich, wenn Unternehmer die Aussagekraft von Noten anzweifeln, beispielsweise mit folgendem Argument:

> „Was sagt mir die Note 3 in Mathematik? Kommt sie von einem Lehrer, der selbst ein begeisterter Mathematiker ist und daher die Schüler für dieses Fach begeistern kann; der das ‚Wie sag' ich's meinem Kinde?' beherrscht und die Schüler im Schnitt auf ein sehr hohes Niveau bringt. Schließlich ist er noch streng, weil er es sich leisten kann, und gibt dem Vertreter des Durchschnittes in seiner Klasse ein Befriedigend. – Die Note 3 kann aber auch von einem ‚Schwerenöter' kommen, die es wie in jedem Berufsstand auch unter den Lehrern gibt. Er langweilt sich und die Schüler; sie kommen nur schleppend voran und das Niveau der Klasse des anderen Lehrers ist für sie unerreichbar. Dann ist er auch noch mild, damit er bei den Eltern keine Schwierigkeiten hat. Diese sagen sich etwa: ‚Schön wär's, wenn unser Kind viel gelernt hätte, aber Hauptsache, die Noten stimmen!' – Was also sagt mir die Note 3?" (ein Firmenchef, zit. n. Vierlinger 1999, S. 18).

3. Unabhängig von der objektiven Höhe der erbrachten Leistungen erhalten die relativ schlechtesten Schüler immer schlechte Noten. Dieser Standard betont daher die Selektionsfunktion der Notengebung. Zudem wird die Leistungsmotivation vor allem der weniger begabten Schüler dadurch herabgesetzt.

4. Wenn auch die Mitschüler ihre Leistungen steigern, dann führt die Verbesserung der Leistung eines Schülers nicht zu einer besseren Note. Nur auf Kosten anderer Mitschüler kann die eigene Positon verbessert werden. Die Folge kann sein, dass Klassenkameraden einander die Hilfe verweigern. Selbstwert gewinnt der Schüler beim normorientierten Standard im Wesentlichen über ein „Besser-sein-als-andere". Diese Auswirkungen können durch bestimmte Rituale noch verstärkt werden; zu denken ist etwa an die Tradition, korrigierte Schularbeiten in der Rangfolge der Leistungen zurückzugeben.

5. Das Bezugssystem ist für einzelne Schulklassen inhaltlich nicht begründbar. In der Praxis hält sich mit einiger Hartnäckigkeit die Vorstellung, Schulnoten seien normalverteilt oder sollten es sein. Tatsächlich folgen bestimmte Merkmale in sehr großen Populatio-

nen der Normalverteilung. Erhebt man für alle Menschen auf dieser Erde die Körpergröße, so liegen viele Menschen in einem bestimmten Bereich um den Mittelwert herum, Abweichungen nach beiden Seiten werden, je größer sie sind, immer unwahrscheinlicher. Ähnlich ist anzunehmen, dass die Verteilung etwa der Punkte bei einem Test bei sehr großen Populationen der Normalverteilung folgt.

Daraus wurde nun mitunter beispielsweise folgende Empfehlung abgeleitet (die Festlegung der Grenzen ist willkürlich): man benote die 7 % besten Arbeiten mit „Sehr gut", die folgenden 24 % der Arbeiten mit „Gut", die mittleren 38 % mit „Befriedigend", die folgenden 24 % mit „Genügend" und die letzten 7 % der Arbeiten mit „Nicht genügend". (Für die Festlegung der Grenzen existiert kein sachliches Kriterium. Daher kann diese auch nach Bedarf erfolgen, sodass bspw. genau jene Anzahl von Schülern eine negative Note erhält, der man aus bestimmten Gründen eine Berechtigung verweigern will.) Dieses Zensierungsmodell ist aus zwei Gründen sachlich falsch:

- Die Schulklasse mit ihren beispielsweise 25 Schülern ist eine Zufallsstichprobe aus der Grundgesamtheit aller möglichen Schüler. Auch wenn die Grundgesamtheit normalverteilt ist, muss es die Stichprobe nicht sein. Es ist durchaus möglich, in einer Klasse im Extremfall zufällig nur sehr gute oder nur sehr schlechte Schüler zu haben.
- Kennzeichen effizienten Unterrichts ist ja gerade sein Vermögen, die Verteilung zu verändern. Sie ist eben *nicht* „naturgegeben" normalverteilt! Die Normalverteilungsannahme unterstellt die Erfolglosigkeit pädagogischer Förderung.

Eine rigide Benotung nach dem Normalverteilungsmodell kann daher zu Zensuren führen, die mit den objektiven Leistungen (gemessen am Abstand zum Lernziel) nur mehr wenig zu tun haben. Es sollte lediglich als Korrektiv bei einer Fehleinschätzung des Schwierigkeitsgrades einer Arbeit herangezogen werden.

2.2 Kriteriumsorientierung (Lehrzielorientierung)

Begriff

Die Beurteilung einer gemessenen Leistung wird in diesem Fall ausschließlich davon abhängig gemacht, in welchem Maße der Schüler die gesetzten Lernziele erreicht hat. Gemessen wird sozusagen sein „Abstand" zum Lehrziel.

Vorteile

Der kriterienorientierte Standard bietet vor allem folgende *Vorteile*:

- Er informiert den Schüler, die Eltern und vor allem auch nachfolgende Bildungseinrichtungen und spätere Arbeitgeber über das tatsächliche Ausmaß der Lehrzielerreichung.
- Er beeinflusst die intrinsische Motivation positiv, weil der Schüler an den Noten den inhaltlichen, lehrzielbezogenen Erfolg seiner Bemühungen ablesen kann. Dies gilt auch dann, wenn sich an seiner relativen Position in der Klasse eventuell nichts geändert hat.

Rechtslage

Da die Notendefinitionen des § 14 LBVO auf „die nach Maßgabe des Lehrplanes gestellten Anforderungen" hinorientiert sind, ist für die Benotung von Schülerleistungen ausschließlich der Grad der Lernzielerreichung durch den Schüler maßgeblich. Messlatte ist das Lernziel in Gestalt der Forderungen des Lehrplanes:

LBVO § 11 Abs. 1, zweiter Satz

Maßstab für die Leistungsbeurteilung sind die Forderungen des Lehrplanes unter Bedachtnahme auf den jeweiligen Stand des Unterrichtes.

Darüber hinaus fordert die LBVO, der Lehrer habe die Leistungen der Schüler „sachlich und gerecht" zu beurteilen (§ 11 Abs. 2). Eine Orientierung am Klassendurchschnitt würde aber gegen den Grundsatz der Beurteilungsgerechtigkeit verstoßen, weil ein und dieselbe Leistung unterschiedlich beurteilt würde, je nachdem, wie leistungsstark die Klasse ist, in der der Schüler sich zufällig befindet.

In seinem Erkenntnis vom 9. 3. 1981, Zl. 10/3420/80, hat auch der VwGH ausdrücklich klargestellt, dass eine Orientierung am Klassendurchschnitt oder an sonstigen Durchschnittsnormen *nicht* zu erfolgen hat:

„Der Maßstab der Leistungsbeurteilung ist [...] kraft Gesetzes ein von der Beurteilung anderer Schüler oder von der durchschnittlichen Beurteilung von Schülern gleicher Schulart und Schulstufe, sei es im ganzen Bundesgebiet oder in bestimmten Teilen desselben, unabhängiger. Der Beurteilungsdurchschnitt [...] ist [...] daher ohne Bedeutung."[1]

Rechtskonform und damit kriterienorientiert zu beurteilen heißt, bereits *vor* der Leistungsbeurteilung festzulegen, auf welche Schülerleistungen es welche Noten gibt, und zwar ohne Rücksicht darauf, wie die Leistungen in der Klasse nachher insgesamt ausfallen (also kein „Nachbessern" oder „Absenken"). Die Anwendung dieses Standards erfordert vom Lehrer somit den Mut, den „Notenschlüssel" für eine Prüfung vorher bekannt zu geben und sich, unabhängig davon, wie die Prüfung dann ausfällt, auch tatsächlich an ihn zu halten.

Dieses Selbstbewusstsein kann nur in einer Schulkultur gedeihen, in der die „Normalverteilung" von Noten nicht von vorneherein als ihre „normale Verteilung" gilt. Ein Überhang sehr guter und guter Noten beispielsweise muss nicht auf ein zu geringes Anspruchsniveau hindeuten, sondern kann auch Ergebnis guten Unterrichts sein!

2.3 Personorientierung

Begriff

Als dritter Maßstab schließlich kommt der personorientierte Standard in Frage. Dieser ist um die optimale Förderung des einzelnen Schülers bemüht. Bezugssystem ist das subjektive Leistungsvermögen, in der Regel der Standort des Schülers zu einem vorangegangenen Zeitpunkt. Man beurteilt bspw. die Leistung eines Schülers bei einer Schularbeit danach, inwieweit sie sich gegenüber der Leistung bei der vorangegangenen Schularbeit verbessert hat. Auch schwächere Schüler erhalten auf diese Weise Erfolgserlebnisse, leistungsstärkere Schüler können sich nicht „auf ihren Lorbeeren ausruhen". Die individuelle Bezugsnorm gilt daher als besonders motivationsfördernd.

---

[1] Während das eben genannte Erkenntnis die Notwendigkeit einer Kriterienorientierung ausdrücklich mit Verweis auf das Gebot der Objektivität der Leistungsbeurteilung begründet, legitimiert das Erkenntnis vom 14. 3. 1994, Zl. 93/10/0208, mit der Kriterienorientierung gerade *Verstöße* gegen den Objektivitätsgrundsatz: Weil der Maßstab der Leistungsbeurteilung von der Beurteilung anderer Schüler unabhängig sei, könne man sich auch nicht auf Diskrepanzen zwischen der eigenen Beurteilung und jener von Mitschülern berufen!!

Eine Realisierung dieses Standards widerspricht jedoch der gesellschaftlichen und prognostischen Funktion der Leistungsbeurteilung und ist daher wenig verbreitet. Man stelle sich vor, man würde von einem Arzt operiert, der mitteilt, er sei im Studium der schlechteste Chirurg gewesen, habe aber das Studium mit Auszeichnung bestanden, weil er zuvor ein noch schlechterer Chirurg gewesen sei! **Probleme**

Die ausschließliche Verwendung dieses Standards wird nicht einmal von jenen Schülern als gerecht empfunden, die davon profitieren.

In der Praxis wäre es wohl empfehlenswert, dieses Bezugssystem ergänzend zu verwenden. Eine sinnvolle pädagogische Rückmeldung könnte beispielsweise lauten:

> „Sie sind zwar noch ‚Nicht genügend', aber Ihre Verbesserung gegenüber der letzten Prüfung ist beachtlich. Wenn Sie die Kenntnisse X und Y noch erwerben, erreichen Sie eine positive Note."

Der Gesetzgeber sieht die Anwendung des personorientierten Standards in Ausnahmefällen vor: **Rechtslage**

§ LBVO § 2 Abs. 4 und § 11 Abs. 8

Soweit der Schüler wegen einer körperlichen Behinderung eine entsprechende Leistung nicht erbringen kann oder durch die Leistungsfeststellung gesundheitlich gefährdet ist, ist er unter Bedachtnahme auf den wegen der körperlichen Behinderung bzw. auf die gesundheitliche Gefährdung erreichbaren Stand des Unterrichts zu beurteilen, soweit die Bildungs- und Lehraufgabe des betreffenden Unterrichtsgegenstandes grundsätzlich erreicht wird.

§ LBVO § 11 Abs. 9

Bei der Beurteilung der Leistungen eines Schülers in Bildnerischer Erziehung, Leibeserziehung, Leibesübungen (nunmehr: Bewegung und Sport), *Musikerziehung und Werkerziehung (Technisches Werken, Textiles Werken) sind mangelnde Anlagen und mangelnde körperliche Fähigkeiten bei erwiesenem Leistungswillen zugunsten des Schülers zu berücksichtigen, soweit § 13*[1] *nicht anders bestimmt.*

---

[1] In diesem Buch nicht abgedruckt; § 13 LBVO enthält spezielle Bestimmungen für Schularten, in denen solche Leistungskomponenten von besonderer Bedeutung sind.

3 Leistungsbeurteilung während des Unterrichtsjahres

3.1 Grundsätze der Leistungsbeurteilung

Lernzielorientierter Maßstab

§ LBVO § 11 Abs. 1

Die Beurteilung der Leistungen der Schüler in den einzelnen Unterrichtsgegenständen hat der Lehrer durch die im § 3 Abs. 1 (s. S. 23) *angeführten Formen der Leistungsfeststellung zu gewinnen. Maßstab für die Leistungsbeurteilung sind die Forderungen des Lehrplanes unter Bedachtnahme auf den jeweiligen Stand des Unterrichtes.*

i Ausschließlich in der Verordnung vorgesehene und rechtsfehlerfrei ausgestaltete Formen der Leistungsfeststellung dürfen der Beurteilung zugeführt werden. Andere oder rechtswidrig gestaltete Formen dürfen nur als Informationsfeststellungen verwendet werden.

Maßgeblich sind die Forderungen des Lehrplanes und der jeweilige Stand des Unterrichts. Für die Beurteilung ist, wie ausgeführt, ein *lehrzielorientierter Maßstab* zu verwenden.[1]

Objektivität

§ LBVO § 11 Abs. 2

Der Lehrer hat die Leistungen der Schüler sachlich und gerecht zu beurteilen, dabei die verschiedenen fachlichen Aspekte und Beurteilungskriterien der Leistung zu berücksichtigen und so eine größtmögliche Objektivierung der Leistungsbeurteilung anzustreben.

i Eine etwaige, die Objektivität beeinträchtigende Voreingenommenheit des Lehrers kann in einem Berufungsverfahren dazu führen, dass der Schüler zu einer kommissionellen Prüfung zugelassen wird. Möglichkeiten der Objektivierung und Versachli-

---

[1] Vgl. jedoch die normorientierte Relativierung in § 7 Abs. 11 und § 8 Abs. 14 (Wiederholungsgebot bei Schularbeiten und schriftlichen Überprüfungen) und die personorientierten Relativierungen in § 11 Abs. 8 und 9.

chung der Leistungsbeurteilung werden im Abschnitt 6, S. 116 ff., erörtert.

§ LBVO § 11 Abs. 5 und 7

Verhalten und Gesinnung des Schülers

(5) Das Verhalten des Schülers in der Schule und in der Öffentlichkeit darf in die Leistungsbeurteilung nicht einbezogen werden.

(7) Sachlich vertretbare Meinungsäußerungen des Schülers haben die Beurteilung auch dann nicht zu beeinflussen, wenn sie von der Meinung des Lehrers abweichen.

i Die beiden Bestimmungen verdeutlichen nochmals, dass durch Noten ausschließlich die lehrzielbezogenen Leistungen des Schülers zu bewerten sind. Für die Beurteilung des Verhaltens vgl. Abschnitt 5, S. 114 f.

§ LBVO § 11 Abs. 6

Äußere Form der Arbeiten

Die äußere Form der Arbeiten ist nur in den im § 12 geregelten Fällen[1] bei der Leistungsbeurteilung mit zu berücksichtigen.

§ LBVO § 11 Abs. 4

Vorgetäuschte Leistungen

Vorgetäuschte Leistungen sind nicht zu beurteilen. Wenn infolge vorgetäuschter Leistungen die Beurteilung eines Schülers für das 1. oder 2. Semester, in lehrgangsmäßigen und saisonmäßigen Berufsschulen für die gesamte Schulstufe in einem Unterrichtsgegenstand nicht möglich ist, hat der Lehrer eine Prüfung über den Lehrstoff dieses Semesters durchzuführen, von der der Schüler eine Woche vorher, in lehrgangsmäßigen und saisonmäßigen Berufsschulen spätestens zwei Unterrichtstage vorher, zu verständigen ist. Versäumt der Schüler eine solche Prüfung am Ende des 1. Semesters, so hat er diese Prüfung über den Lehrstoff des 1. Semesters im Laufe des 2. Semesters abzulegen; er gilt bis zur Ablegung dieser Prüfung als „nicht beurteilt", auch wenn eine solche Prüfung aus Termingründen nicht mehr angesetzt werden kann. Versäumt der Schüler diese Prüfung über das 1. Semester auch im 2. Semester

[1] In diesem Buch nicht abgedruckt, z. B. Bildnerische Erziehung, Geometrisches Zeichnen, kaufmännischer Schriftverkehr, Buchhaltung, Datenverarbeitung.

oder entzieht sich der Schüler einer solchen Prüfung am Ende des 2. Semesters, so ist er in diesem Unterrichtsgegenstand nicht zu beurteilen[1]*, sofern nicht § 20 Abs. 2 oder 3 des Schulunterrichtsgesetzes*[2] *in Betracht kommt. Schularbeiten, die zufolge einer vorgetäuschten Leistung nicht beurteilt werden, sind wie versäumte Schularbeiten (§ 7 Abs. 9) zu behandeln.*[3] *Unerlaubte Hilfsmittel, deren sich der Schüler bedienen könnte, sind ihm abzunehmen und nach durchgeführter Leistungsfeststellung zurückzugeben.*

Vorgetäusche Leistungen sind *nicht* mit „Nicht genügend" zu beurteilen, sie sind vielmehr zur Gewinnung einer Beurteilung untauglich! Auch eine nur in Teilbereichen vorgetäuschte Leistung ist als Ganze nicht zu beurteilen.

Der bloße Versuch einer Täuschung führt noch nicht dazu, dass die Leistung nicht zu beurteilen wäre; er ist vielmehr, etwa durch die Abnahme noch nicht eingesetzter unerlaubter Hilfsmittel, zu unterbinden (Jonak/Kövesi 2003, S. 815, Anm. 10). Damit wird verhindert, dass Schüler sich durch offensichtliche Täuschung der Leistungsbeurteilung entziehen können.

Das Vortäuschen von Leistungen ist kein Kavaliersdelikt, worauf die Schüler gegebenenfalls eindringlich hingewiesen werden sollten.

---

1 Ein „Nicht beurteilt" ist in seinen praktischen Auswirkungen nachteiliger als ein „Nicht genügend". Eine Schulstufe gilt nur dann als erfolgreich abgeschlossen, wenn der Schüler in allen Pflichtgegenständen beurteilt worden ist und kein „Nicht genügend" hat. Die Ablegung einer Wiederholungsprüfung ist bei einem „Nicht beurteilt" ebenso unmöglich wie ein Aufsteigen mit einem „Nicht beurteilt".

2 Die Durchführung einer Feststellungs- oder Nachtragsprüfung. Wenn sich der Schüler der Prüfung im zweiten Semester entzieht, wird eine Feststellungsprüfung nur in Betracht kommen, wenn die zweiwöchige Ankündigungsfrist noch eingehalten werden kann. Die Stundung der Prüfung (dann: Nachtragsprüfung) setzt voraus, dass der Schüler gerechtfertigt gefehlt hat.

3 Ein Schüler, der in einem Gegenstand mehr als die Hälfte der Schularbeiten im Semester versäumt, hat diese nachzuholen, sofern dies im betreffenden Semester möglich ist.

3.2 Besondere Bestimmungen für schriftliche Leistungsfeststellungen

Rechtschreibung

§ LBVO § 15 Abs. 1

Die Rechtschreibung ist bei schriftlichen Leistungsfeststellungen nach Maßgabe des Lehrplanes und unter Zugrundelegung der gemeinsamen Absichtserklärung zur Neuregelung der deutschen Rechtschreibung vom 1. Juli 1996 zu beurteilen. In den Schuljahren 1998/99 bis 2005/06 sind Abweichungen von der neuen Rechtschreibung, die der bisherigen Rechtschreibung entsprechen, nach der neuen Rechtschreibung zu korrigieren, aber nicht als Fehler zu bewerten.

i Mit 1. August 1998 wurde eine Neuregelung der Rechtschreibung wirksam, für deren Umsetzung eine Übergangszeit bis zum 31. Juli 2005 galt. Bis dahin waren Abweichungen von den neuen Rechtschreibregeln zu korrigieren, aber nicht als Fehler zu werten. Eine Reform der umstrittenen Reform ist gegenwärtig in Diskussion.[1]

Die Mitberücksichtigung der Rechtschreibung bei der Leistungsbeurteilung kommt nicht nur in den Sprachfächern in Frage. Beispielsweise normiert der Lehrplan der Handelsakademie, dass die Schreibrichtigkeit in *allen* Unterrichtsgegenständen ein von der fachlichen Leistung untrennbarer Teil ist.

Identische Fehler und Folgefehler

§ LBVO § 15 Abs. 3

Identische Rechtschreibfehler und Formenfehler (ausgenommen in Mathematik und Darstellender Geometrie) sind in derselben schriftlichen Leistungsfeststellung grundsätzlich nur einmal zu werten; wenn diese Fehler jedoch im Rahmen einer Aufgabe oder Teilaufgabe, die ausschließlich auf die Überprüfung der Beherrschung der betreffenden sprachlichen Erscheinung abzielt, mehrmals vorkommen, ist diese Bestimmung nicht anzuwenden. Folgefehler sind nicht zu werten. Tritt in einer Schularbeit aus Mathematik oder Darstellender Geometrie derselbe Denkfehler in einer Aufgabe mehrmals auf, so ist dieser Denkfehler nur einmal zu werten. Letzteres

[1] Die Neuregelung machte vielen Anwendern Angst und Bange. Die Reform der Reform wird ihnen vielleicht angst und bange machen.

gilt sinngemäß auch für sachliche Fehler in einer Schularbeit aus Biologie und Umweltkunde oder Physik.

Themenverfehlungen

§ LBVO § 15 Abs. 4

Falls vom Schüler bei einer schriftlichen Leistungsfeststellung statt der gestellten Aufgabe anderes bearbeitet wurde, ist zu prüfen, ob im Sinne der Definition der Beurteilungsstufen (§ 14) noch von einer Leistung betreffend die gestellten Anforderungen gesprochen werden kann. Dies gilt auch für den Fall, dass die Arbeit die gesamte Themenstellung verfehlt.

Beurteilung von Schularbeiten

i Die für die Beurteilung von Schularbeiten maßgebenden fachlichen Aspekte regelt § 16 LBVO (in diesem Band nicht abgedruckt) gesondert für die einzelnen Unterrichtsgegenstände.

3.3 Informationspflichten

Rückmeldung an den Schüler

§ LBVO § 11 Abs. 3, zweiter Satz

Die für die Beurteilung maßgeblichen Vorzüge und Mängel seiner Leistung sind dem Schüler mit der Beurteilung bekannt zu geben, ohne ihn jedoch zu entmutigen oder seine Selbstachtung zu beeinträchtigen.

i Auch bei schriftlichen Leistungsfeststellungen kann und soll der Lehrer also der Note schriftliche Kommentare hinzufügen, wenn sie der Bekanntgabe der beurteilungsrelevanten Vorzüge und Mängel der Leistung an den Schüler dienen. Dagegen sind andere Zusätze zu den Noten unzulässig (LBVO § 15 Abs. 2), insbesondere solche, die die fünfstufige Notenskala dadurch zu umgehen versuchen, dass sie Zwischennoten zum Ausdruck bringen (z. B. „gerade noch Befriedigend").

Die Note auf Schularbeiten, Tests und Diktate ist dem Schüler spätestens nach einer Woche, auf mündliche Prüfungen und Übungen spätestens am Ende der Stunde, auf praktische Leistungsfeststellungen spätestens am nächsten Unterrichtstag, an dem der Gegenstand wieder unterrichtet wird, bekannt zu geben (vgl. LBVO § 11 Abs. 3, erster Satz).

§ LBVO § 11 Abs. 3 a

Eine Information über den Leistungsstand des Schülers hat auf Wunsch des Schülers oder seiner Erziehungsberechtigten[1] *zu erfolgen.*

Generelle Informationspflicht

Zu den generellen Informationspflichten gehören gemäß § 19 SchUG außerdem die Ausstellung der Schulnachricht am Ende des ersten Semesters sowie die Abhaltung von Sprechtagen (an allgemein bildenden Pflichtschulen zwei im Unterrichtsjahr; an allen anderen Schulen, ausgenommen Berufsschulen, bei Bedarf) und die Gelegenheit zu Einzelaussprachen auf Verlangen (an allgemein bildenden Pflichtschulen und Berufsschulen) bzw. im Rahmen der wöchentlichen Sprechstunde des einzelnen Lehrers (an allen anderen Schulen).[2]

Sprechtage und Sprechstunden

Daneben bestehen unter bestimmten Umständen besondere Informationspflichten:

§ SchUG § 19 Abs. 3

Wenn die Leistungen eines Schülers allgemein oder in einzelnen Unterrichtsgegenständen in besonderer Weise nachlassen, hat der Klassenvorstand oder der Lehrer des betreffenden Unterrichtsgegenstandes mit den Erziehungsberechtigten Verbindung aufzunehmen.

Leistungsabfall

i „In besonderer Weise" kann bedeuten, dass die Leistungen besonders stark nachlassen, also beispielsweise ein bisher immer mit „Sehr gut" beurteilter Schüler plötzlich nur mehr mit „Befriedigend" zu beurteilende Leistungen erbringt. „In besonderer Weise" kann aber auch bedeuten, dass die Leistungen auf Grund

---

1 Mit Eintritt der Volljährigkeit (Vollendung des 18. Lebensjahres) erlischt das elterliche Erziehungsrecht. Ab diesem Zeitpunkt gilt für die in diesem Abschnitt beschriebenen Informationspflichten, dass Informationen an die Eltern des Einverständnisses des eigenberechtigten Schülers bedürfen. Lehnen volljährige Schüler die Kontaktierung bzw. Information der Eltern ab, so ist dies jedenfalls zu respektieren und sind die Eltern ggf. auf diese Tatsache hinzuweisen (vgl. dazu das Rundschreiben des bm:bwk Nr. 49/2002, Zl. 13.261/40-Z/10/2002).

2 Sofern Lehrer und Eltern zustimmen, bestehen gegen eine Teilnahme des Schülers an den Einzelaussprachen keine Bedenken (Erl. d. BMU v. 18. 2. 1980, Zl. 21.281/5-4/80, zit. n. Jonak/Kövesi 2003, S. 570, Anm. 9).

besonderer Umstände nachlassen, denen nachzugehen wäre (z. B. Entwicklungsstörungen, Drogenkonsum, familiäre Probleme).

Für die Kontaktnahme bestehen keine Formvorschriften (daher z. B. Eintragung in das Mitteilungsheft, brieflich, telefonisch). Sie erfolgt zweckmäßigerweise durch den Klassenvorstand, wenn die Leistungen allgemein, zweckmäßigerweise durch den betreffenden Lehrer, wenn sie in einem Unterrichtsgegenstand nachlassen.

Frühwarnsystem

§ SchUG § 19 Abs. 3a

Wenn die Leistungen des Schülers auf Grund der bisher erbrachten Leistungen in einem Pflichtgegenstand zum Ende des 1. oder des 2. Semesters mit „Nicht genügend" zu beurteilen wären, ist dies den Erziehungsberechtigten unverzüglich mitzuteilen und dem Schüler sowie den Erziehungsberechtigten vom Klassenvorstand oder vom unterrichtenden Lehrer Gelegenheit zu einem beratenden Gespräch zu geben (Frühwarnsystem). Dabei sind insbesondere Fördermaßnahmen zur Vermeidung dieser negativen Beurteilung (zB Analyse der Lerndefizite unter Einbeziehung der individuellen Lern- und Leistungsstärken, Fördermöglichkeiten, Förderunterrichtsangebote, Leistungsnachweise) zu erarbeiten und zu beraten. Dies gilt für Berufsschulen mit der Maßgabe, dass die Verständigung auch an den Lehrberechtigten zu ergehen hat; diese Verständigungspflicht besteht nicht an lehrgangsmäßigen Berufsschulen mit einer geringeren Dauer als acht Wochen.

i Dem Sinn eines *Früh*warnsystems entsprechend muss die Mitteilung erfolgen, sobald sich im ersten oder zweiten Semester ein mit „Nicht genügend" zu beurteilender Gesamtleistungsstand einstellt – und nicht etwa erst gegen Semester- bzw. Jahresende! Gleichwohl hat eine solche Frühwarnung prognostischen Charakter und muss deshalb auf einer gewissen Fakten- und Datenbasis ruhen. In Schularbeitengegenständen wird eine Frühwarnung im Allgemeinen wohl erst nach der ersten Schularbeit, ansonsten erst ab November zweckmäßig sein.

Eine Frühwarnung bereits im ersten Semester schließt eine weitere Frühwarnung im zweiten Semester nicht aus. Letztere wird sogar unverzichtbar sein, wenn der Schüler sich im Semesterzeugnis auf eine positive Note verbessern konnte, im zweiten Semester aber wieder in den Bereich des „Nicht genügend" gleitet.

Entscheidend dafür, dass das Frühwarnsystem positive Effekte entfalten kann, ist weniger die bloße Mitteilung als vielmehr das daran anschließende Beratungsgespräch. Auch wenn die Erfahrung leider zeigt, dass keineswegs alle Erziehungsberechtigten der Einladung zu diesem Gespräch Folge leisten, kommt seiner Vorbereitung, seinem Inhalt und seinem Verlauf im Rahmen einer förderorientierten Leistungsbeurteilungskultur große Bedeutung zu.[1]

Beratungsgespräch

Nach § 19 Abs. 7 SchUG haben die Verständigungspflichten gemäß § 19 SchUG bloßen Informationscharakter, d. h. dass z. B. ein Schüler auch dann negativ beurteilt werden kann, wenn die Bestimmungen zum Frühwarnsystem nicht eingehalten wurden. Nach der Judikatur des VwGH (vgl. z. B. das Erk. vom 20. 12. 1999, Zl. 99/10/0240) kann sich niemand auf fiktiv erzielbare Leistungen berufen, wie sie bei Einhaltung der Verständigungspflicht durch die Einleitung von Gegensteuerungsmaßnahmen allenfalls zu erzielen gewesen wären.

Keine Relevanz im Berufungsfall

§ SchUG § 19 Abs. 5

An Schularten mit Leistungsgruppen ist den Erziehungsberechtigten die Umstufung in eine andere Leistungsgruppe während des Unterrichtsjahres innerhalb von einer Woche mitzuteilen.

Umstufung in eine andere Leistungsgruppe

[1] Das bm:bwk hat dafür einen sehr hilfreichen Gesprächsleitfaden erstellt, der online unter www.schulpsychologie.at verfügbar ist.

Leistungsbeurteilung während des Unterrichtsjahres: Das Wichtigste in Kürze

- Maßstab der Beurteilung sind die Anforderungen des Lehrplanes, nicht der Klassendurchschnitt
- „51-%-Hürde" für ein „Genügend" nicht rechtsverbindlich
- Beachtung der Notendefinitionen (§ 14 LBVO): qualitative Bewertung der Schülerantworten auf einzelne Fragen statt mechanischer Fehler- oder Punkteaddition
- das Verhalten des Schülers darf in die Benotung nicht einbezogen werden
- vorgetäuschte Leistungen nicht beurteilen, allenfalls Semesterstoffprüfung
- qualitative Rückmeldung an den Schüler zusätzlich zur Note
- keine Zusätze zu den Noten, die Zwischenstufen zum Ausdruck bringen, z. B. „befriedigend minus"
- jederzeitige Information über den Leistungsstand für den Schüler und die Erziehungsberechtigten
- besondere Informationspflichten, wenn die Leistungen in besonderer Weise nachlassen oder wenn sich im 1. oder 2. Semester ein „Nicht genügend" abzeichnet (Frühwarnsystem)

4 Leistungsbeurteilung für eine Schulstufe

4.1 Allgemeine Bestimmungen und Überlegungen

§ LBVO § 20

Den Beurteilungen der Leistungen eines Schülers in einem Unterrichtsgegenstand für eine ganze Schulstufe hat der Lehrer alle vom Schüler im betreffenden Unterrichtsjahr erbrachten Leistungen zugrunde zu legen[1]*, wobei dem zuletzt erreichten Leistungsstand das größere Gewicht zuzumessen ist. Dabei sind die fachliche Eigenart des Unterrichtsgegenstandes und der Aufbau des Lehrstoffes zu berücksichtigen.*

i Die einzelnen Formen der Leistungsfeststellung sind – unter Bedachtnahme auf deren Anzahl, stofflichen Umfang und Schwierigkeitsgrad – gleich zu werten (§ 3 Abs. 5 LBVO).

Pädagogische Empfehlungen

Es wäre ausgesprochen wünschenswert, wenn der Lehrer schon am Beginn des Schuljahres völlige Transparenz in der Notengebung schafft. Die Schüler sollten über die Zusammensetzung und die Berechnung der Jahresnote so genau aufgeklärt werden wie nur irgend möglich.

In Unternehmungen setzt sich mehr und mehr die Praxis der Führung so genannter Mitarbeitergespräche durch, die, abseits des alltäglichen Betriebsgeschehens, auch der qualitativen Rückmeldung auf das Arbeitsverhalten des Mitarbeiters dienen. Dieses Vorgehen wäre auch für den Bereich des schulischen Beurteilungshandelns zu empfehlen. Der Lehrer sollte mit jedem Schüler ein informierendes und konstruktiv-beratendes Gespräch über die definitive Zeugnisnote führen, eventuell verbunden mit der Erarbeitung eines Maßnahmenplanes zur Verbesserung der Ergebnisse in der Zukunft.

[1] Es wird deshalb wichtig sein, Informationsfeststellungen von vorneherein als solche zu deklarieren. Andernfalls müsste sich der Lehrer zum Vorwurf machen lassen, einzelne Leistungen willkürlich nicht zur Beurteilung herangezogen zu haben.

Mittelwertbildung

Hinsichtlich der Ermittlung der Jahresnote aus den verfügbaren Einzelnoten sei nachdrücklich darauf hingewiesen, dass die verbreitete Praxis der Bildung von Mittelwerten aus allen oder einem Teil der Einzelnoten weder messtechnisch noch rechtlich gerechtfertigt ist:

1. Der Gesetzgeber verpflichtet zu einer Gleichgewichtung der einzelnen Formen der Leistungsfeststellung, jedoch unter Berücksichtigung des Schwierigkeitsgrades, des Stoffumfanges und des Zeitpunktes der Leistungsfeststellung. Damit ist eine Mittelwertbildung, die zu einer starren Gleichbewertung der einzelnen Leistungsfeststellungen führt, in der Regel ausgeschlossen.

2. Die Berechnung von Mittelwerten ist außerdem mathematisch unzulässig. Zum einen: Zumindest die Klasse „Nicht genügend" ist in aller Regel breiter als die positiven Notenklassen. Die Berechnung des arithmetischen Mittels aus Einzelnoten muss in diesem Fall schon aus diesem Grund fehlerhaft sein, wie das folgende Beispiel zeigt.

Notenschlüssel für die Schularbeiten:

bis 50 Punkte:	Nicht genügend
bis 62,5 Punkte:	Genügend
bis 75 Punkte:	Befriedigend
bis 87,5 Punkte:	Gut
ab 88 Punkte:	Sehr gut

Ein Schüler habe nun drei Schularbeiten geschrieben:

1. Schularbeit:	70 Punkte	Befriedigend
2. Schularbeit	0 Punkte	Nicht genügend
3. Schularbeit	52 Punkte	Genügend

Der Lehrer ermittelt die Gesamtnote als arithmetisches Mittel über die drei Einzelnoten: $3 + 5 + 4 = 12/3 = 4$. Nun müsste sich aber die durchschnittliche Jahresleistung auch als durchschnittlich erreichte Punkteanzahl ausdrücken lassen. Eine Addition der Punkte ergibt: $70 + 0 + 52 = 122/3 = 40{,}7$. Das entspricht im Gegensatz zur obigen Ermittlungsweise einem „Nicht genügend"! Diese Abweichung ergibt sich, weil nicht alle fünf Notenklassen gleich breit sind. Die Klasse „Nicht genügend" ist breiter als die übrigen vier, gleich breiten Klassen. Die Ermittlung des Durchschnittes aus den Einzelnoten kann nicht berücksichtigen, ob es sich um knappes oder ein sehr deutliches „Nicht genügend" gehandelt hat.

Zum anderen: Auch im positiven Notenbereich gibt die LBVO keinerlei Hinweise darauf, dass die Klassen gleich breit wären. Die Notenskala ist eine Ordinalskala. Sie nimmt quantitative Unterscheidungen im Sinne einer Rangfolge vor (ein „Gut" ist besser als ein „Befriedigend"), ohne dass allerdings die Abstände zwischen den Positionen bekannt wären.[1] Mittelwertberechnungen können mit solchen rangskalierten Daten sinnvoll nicht vorgenommen werden.

3. Zu beachten ist außerdem, dass Noten keine exakten Zahlen, sondern in ihrer Abbildungsqualität eher Schätzungen der Leistung darstellen. Es ist daher – von der rechtlichen Fragwürdigkeit abgesehen – eine äußerst zweifelhafte Praxis, Notendurchschnitte auf zwei Dezimalen genau zu ermitteln und etwa die Entscheidung für eine Zeugnisnote „Befriedigend" oder „Genügend" davon abhängig zu machen, ob der Durchschnitt nun 3,42 oder 3,61 lautet.

Beurteilungskonferenz

§ SchUG § 20 Abs. 6

Im Zeitraum von Mittwoch bis Freitag der zweiten Woche vor Ende des Unterrichtsjahres[2] hat eine Klassenkonferenz zur Beratung über die Leistungsbeurteilung der Schüler stattzufinden[3]. Die Entscheidungen der Klassenkonferenz über die Nichtberechtigung zum Aufsteigen in die nächsthöhere Schulstufe oder den nicht erfolgreichen Abschluss der letzten Schulstufe der besuchten Schulart (§ 25) sind spätestens am folgenden Tag unter Angabe der Gründe

---

[1] Man unterscheidet Nominalskalen (Unterscheidung von Objekten hinsichtlich eines Merkmals, z. B. Mann-Frau), Ordinal- oder Rangskalen (besser/schlechter- oder mehr/weniger-Aussagen sind möglich, die Abstände zwischen den Rangplätzen sind aber nicht gleich groß), Intervallskalen (es gibt keinen natürlichen Nullpunkt, es existieren aber gleiche Skalenabstände, so dass eine Mittelwertbildung möglich ist, z. B. eine Temperaturskala) und Verhältnisskalen (die aufgrund eines natürlichen Nullpunktes auch Aussagen über Proportionen erlauben, z. B. doppelt so lang, halb so schwer).

[2] In lehrgangs- und saisonmäßigen Berufsschulen in der letzten Lehrgangswoche (§ 20 Abs. 9 SchUG).

[3] Auch für die Entscheidung über die Nichtberechtigung zum Aufsteigen nach der Ablegung von Wiederholungsprüfungen ist die Klassenkonferenz (und nicht etwa der Schulleiter) zuständig (Erk. des VwGH vom 29. 6. 1992, Zl. 91/10/0109).

und Beifügung einer Rechtsmittelbelehrung dem Schüler bekannt zu geben[1].

Die Klassenkonferenz wird durch die Lehrer einer Klasse unter dem Vorsitz in der Regel des Klassenvorstandes gebildet. Die Leistungsbeurteilung für eine Schulstufe erfolgt durch den Lehrer;[2] der Klassenkonferenz kommt dabei nur beratende Funktion zu. Dagegen obliegt ihr die Beurteilung des Verhaltens des Schülers in der Schule und vor allem die Entscheidung darüber, ob der Schüler mit einem „Nicht genügend" zum Aufsteigen berechtigt ist.

4.2 Feststellungs- und Nachtragsprüfung

Ein Fernbleiben des Schülers vom Unterricht[3] kann zu Problemen im Zusammenhang mit der Leistungsbeurteilung führen. Nach § 45 SchUG ist ein solches Fernbleiben nur zulässig bei gerechtfertigter Verhinderung (z. B. Krankheit des Schülers; ansteckende Erkrankungen von Hausangehörigen; Krankheit der Eltern oder anderer Angehöriger, wenn sie der Hilfe des Schülers vorübergehend unbedingt bedürfen; außergewöhnliche Ereignisse im Leben oder in der Familie des Schülers; Ungangbarkeit des Schulweges), bei Erlaubnis zum Fernbleiben (z. B. wegen Tätigkeiten im Rahmen

---

1 Im Regelfall schriftliche Zustellung durch den Schüler/die Schülerin und Bestätigung durch einen Erziehungsberechtigten durch unterfertigten Rückschein, oder eingeschriebener Brief. Denkbar ist auch die mündliche Bekanntgabe gegenüber dem Erziehungsberechtigten (oder dem eigenberechtigten Schüler) mit Rechtsmittelbelehrung und Niederschrift über die Bekanntgabe, die dann zu unterschreiben ist.

2 Der Schulleiter kann von seinem Weisungsrecht (§ 44 BDG) Gebrauch machen und die Leistungsbeurteilung des Lehrers korrigieren. Durch die Erteilung der Weisung geht auch die Verantwortung für die Notengebung auf den Schulleiter über. Der Lehrer kann etwaige Bedenken gegen die beabsichtigte Notenänderung äußern und hat das Recht, eine schriftliche Erteilung der Weisung zu verlangen (weigert sich der Vorgesetzte, gilt die Weisung als zurückgezogen), er kann die Befolgung der Weisung aber nicht verweigern.

3 Wenn ein Schüler einer mittleren oder höheren Schule länger als eine Woche unentschuldigt fernbleibt und auch auf schriftliche Aufforderung hin eine Mitteilung binnen einer weiteren Woche nicht eintrifft, gilt der Schüler als vom Schulbesuch abgemeldet (§ 45 Abs. 5 SchUG). Ein sog. „Schulschwänzen" über längere Zeit bedeutet hier also automatisch die Beendigung des Schulbesuches.

der Schülervertretung) oder bei Befreiung von der Teilnahme an einzelnen Unterrichtsgegenständen aus gesundheitlichen Gründen.

Mit der Feststellungs- bzw. Nachtragsprüfung (§ 20 Abs. 2 und 3 SchUG) bzw. der Prüfung nach § 20 Abs. 4 SchUG hat der Gesetzgeber Instrumente geschaffen, mit welchen auch im Falle eines längeren Fernbleibens eine gesicherte Beurteilung für die ganze Schulstufe möglich werden soll.

Feststellungsprüfung

§ SchUG § 20 Abs. 2

Wenn sich bei längerem Fernbleiben des Schülers vom Unterricht und in ähnlichen Ausnahmefällen [...] eine sichere Beurteilung für die ganze Schulstufe nicht treffen lässt, hat der Lehrer eine Prüfung durchzuführen, von der der Schüler zwei Wochen vorher zu verständigen ist (Feststellungsprüfung).

i Ob das Fernbleiben verschuldet oder unverschuldet war, ist – im Gegensatz zur Nachtragsprüfung – nicht relevant.

Nachtragsprüfung

§ SchUG § 20 Abs. 3

Wenn ein Schüler ohne eigenes Verschulden so viel vom Unterricht versäumt, dass die erfolgreiche Ablegung der Feststellungsprüfung *nicht zu erwarten ist, ist sie ihm vom Schulleiter auf mindestens acht, höchstens zwölf Wochen – bei lehrgangsmäßigen Berufsschulen höchstens bis zum Beginn des nächsten der Schulstufe entsprechenden Lehrganges im nächsten Schuljahr – zu stunden (Nachtragsprüfung). Hat der Schüler die Nachtragsprüfung nicht bestanden, ist er auf Antrag innerhalb von zwei Wochen zu einer Wiederholung der Nachtragsprüfung zuzulassen; der Antrag ist spätestens am dritten Tag nach Ablegung dieser Prüfung zu stellen.*

i Die Nachtragsprüfung findet regelmäßig zu Beginn des folgenden Schuljahres statt. Auf Verlangen ist dem Schüler ein vorläufiges Jahreszeugnis auszustellen, das an Stelle der Note im betreffenden Unterrichtsgegenstand einen Vermerk über die Stundung der Prüfung enthält (§ 22 Abs. 5 SchUG).

Teilprüfungen

§ LBVO § 21 Abs. 1 und 2

(1) Feststellungs- und Nachtragsprüfungen bestehen nach Maßgabe des Lehrplanes

a) aus einer schriftlichen und einer mündlichen Teilprüfung oder

b) aus einer schriftlichen Teilprüfung allein oder

c) aus einer mündlichen Teilprüfung allein oder

d) aus einer praktischen Teilprüfung allein oder

e) aus einer praktischen und einer mündlichen Teilprüfung.

(2) Die schriftliche Teilprüfung ist eine Schularbeit, die mündliche Teilprüfung eine mündliche Prüfung, die praktische Teilprüfung eine praktische Leistungsfeststellung im Sinne dieser Verordnung. Die Bestimmungen über Schularbeiten, mündliche Prüfungen und praktische Leistungsfeststellungen sind auf die Teilprüfungen einer Feststellungs- oder Nachtragsprüfung insoweit anzuwenden, als im Folgenden nichts anderes bestimmt wird.

i Feststellungs- und Nachtragsprüfungen bestehen in Schularbeitenfächern aus einer schriftlichen und einer mündlichen Teilprüfung, sofern jedoch mündliche Prüfungen nach § 5 Abs. 11 LBVO untersagt sind, aus einer schriftlichen Teilprüfung allein. Sie bestehen in Fächern, in denen praktische Tätigkeiten einen Schwerpunkt bilden, aus einer praktischen und einer mündlichen Teilprüfung, sofern jedoch mündliche Prüfungen nach § 5 Abs. 11 LBVO untersagt sind, aus einer praktischen Teilprüfung allein. In allen anderen Fächern bestehen sie aus einer mündlichen Teilprüfung allein.

Zeitliche Gestaltung

§ LBVO § 21 Abs. 3 bis 5

(3) Besteht eine Feststellungs- oder Nachtragsprüfung aus einer schriftlichen bzw. praktischen Teilprüfung und einer mündlichen Teilprüfung, so ist die schriftliche bzw. praktische Teilprüfung am Vormittag, die mündliche Teilprüfung frühestens eine Stunde nach dem Ende der schriftlichen bzw. praktischen Teilprüfung abzulegen.

(4) Die Dauer eine schriftlichen Teilprüfung hat 50 Minuten, in Unterrichtsgegenständen, in denen für die betroffene Schulstufe mindestens eine zwei- oder mehrstündige Schularbeit lehrplanmäßig vorgesehen ist, jedoch 100 Minuten zu betragen. Die Dauer einer mündlichen Teilprüfung hat in den allgemein bildenden Pflichtschu-

len und in den berufsbildenden Pflichtschulen höchstens 15 Minuten, ansonsten 15 bis 30 Minuten zu betragen. Die Dauer einer praktischen Teilprüfung hat in den allgemein bildenden Schulen 30 bis 50 Minuten zu betragen; bei den übrigen Schulen ist die für die Gewinnung der erforderlichen Beurteilungsgrundlage notwendige Zeit zur Verfügung zu stellen.

(5) Die Uhrzeit des Beginnes jeder Teilprüfung ist dem Schüler spätestens eine Woche vor dem Tag der Feststellungs- bzw. Nachtragsprüfung nachweislich bekannt zu geben. Der tatsächliche Beginn der Prüfung darf nicht später als 60 Minuten nach dem bekannt gegebenen Beginn erfolgen.

§ LBVO § 21 Abs. 6

Befreiung von anderen Leistungsfeststellungen

Am Tage einer Feststellungs- oder Nachtragsprüfung ist der Schüler von allen übrigen Leistungsfeststellungen befreit. An einem Tag darf eine Feststellungs- oder Nachtragsprüfung nur in einem Unterrichtsgegenstand, in den Berufsschulen in zwei Unterrichtsgegenständen abgelegt werden.

§ SchUG §§ 20 Abs. 5 und 77 lit. c

Prüfungsprotokoll

Über den Verlauf einer Feststellungs- oder Nachtragsprüfung hat der Lehrer eine schriftliche Aufzeichnung zu führen. Das Prüfungsprotokoll muss enthalten: Prüfer, Daten des Kandidaten, Aufgabenstellungen, Beschreibung der Leistungen und ihre Beurteilung, Prüfungsergebnisse und getroffene Entscheidungen.

§ LBVO § 21 Abs. 7

Resultierende Jahresbeurteilung

Die im Laufe des betreffenden Unterrichtsjahres beurteilten Leistungen sind in die nunmehr festzusetzende Beurteilung der Feststellungs- und Nachtragsprüfung einzubeziehen.

i Man beachte dazu die anders gestaltete Regelung für die Wiederholungsprüfung (s. unten).

§ LBVO § 21 Abs. 9 und 10

Nichtantritt

(9) Einem Schüler, der am Antreten zu einer Feststellungs- oder Nachtragsprüfung gerechtfertigterweise gehindert ist, ist unverzüglich nach Wegfall des Hinderungsgrundes ein neuer Termin

zu setzen. Der neue Termin darf nicht nach dem auf das zu beurteilende Unterrichtsjahr folgenden 30. November, in lehrgangsmäßigen und saisonmäßigen Berufsschulen nicht nach der ersten Unterrichtswoche der nächsten Schulstufe liegen.

(10) Fällt der Prüfungstermin in das folgende Unterrichtsjahr, so ist der Schüler bis zu diesem Termin zur Teilnahme am Unterricht der Schulstufe berechtigt, die er bei positivem Prüfungsergebnis besuchen dürfte. Für das neue Unterrichtsjahr erhaltene Leistungsbeurteilungen haben auf die Leistungsbeurteilung für das vorangegangene Unterrichtsjahr keine Auswirkung.

i Verweigert der Schüler den Antritt zur Prüfung oder bleibt er ihr ungerechtfertigt fern, enthält das Jahreszeugnis im betreffenden Gegenstand den Vermerk „nicht beurteilt".

Fehlt der Schüler am für eine Feststellungsprüfung vorgesehenen Tag und kommt er noch vor der Beurteilungskonferenz wieder in die Schule, hat er sich sofort der Prüfung zu unterziehen, ohne dass ein neuer Termin vorangekündigt werden müsste (Jonak/Kövesi 2003, S. 576, Anm. 8).

Prüfungswiederholung

§ LBVO § 21 Abs. 11

Die Wiederholung einer Feststellungsprüfung ist nicht zulässig. Eine einmalige Wiederholung einer Nachtragsprüfung ist auf Antrag binnen zwei Wochen möglich.

i Auf eine Feststellungsprüfung kann jedoch – bei Vorliegen der Voraussetzungen – eine Wiederholungsprüfung folgen.

Versäumnis praktischen Unterrichts

§ SchUG § 20 Abs. 4

Wenn ein Schüler an einer berufsbildenden mittleren oder höheren Schule im praktischen Unterricht oder an einer Bildungsanstalt für Kindergartenpädagogik oder für Sozialpädagogik in Kindergarten-, Hort- oder Heimpraxis oder Leibeserziehung oder Bewegungserziehung; Bewegung und Sport mehr als das Achtfache der wöchentlichen Stundenzahl eines Pflichtgegenstandes in einem Unterrichtsjahr ohne eigenes Verschulden versäumt, ist ihm Gelegenheit zu geben, die in diesem Pflichtgegenstand geforderten Kenntnisse und Fertigkeiten durch eine Prüfung nachzuweisen, sofern er die Versäumnisse durch eine facheinschlägige praktische Tä-

tigkeit nachgeholt hat. Ist das Nachholen dieser praktischen Tätigkeit während des Unterrichtsjahres nicht möglich, so hat dies in Form einer vierwöchigen facheinschlägigen Ferialpraxis zu erfolgen; in diesem Fall kann die Prüfung zu Beginn des folgenden Schuljahres abgelegt werden. Bei schuldhaftem Versäumnis des Unterrichtes im genannten Ausmaß oder bei Nichtablegen der Prüfung ist der Schüler in diesem Pflichtgegenstand für die betreffende Schulstufe nicht zu beurteilen.

4.3 Wiederholungsprüfung

§ SchUG § 23 Abs. 1, 1d, 2, 3 und 4

Zulassung

(1) Ein Schüler darf – ausgenommen in der Grundschule sowie in Sonderschulen mit Klassenlehrersystem – in einem Pflichtgegenstand oder in zwei Pflichtgegenständen eine Wiederholungsprüfung ablegen, wenn im Jahreszeugnis

1. der Schüler in Pflichtgegenständen ohne Leistungsgruppen mit „Nicht genügend" beurteilt worden ist, oder

2. der Schüler in der niedrigsten Leistungsgruppe eingestuft war und mit „Nicht genügend" beurteilt worden ist, oder

3. der Schüler in der letzten Stufe einer Schulart in einer höheren Leistungsgruppe eingestuft war und mit „Nicht genügend" beurteilt worden ist;

hierbei darf die Gesamtanzahl der Beurteilungen mit „Nicht genügend" gemäß Z 1 bis 3 zwei nicht übersteigen.

[...]

(1d) Macht ein Schüler, der gemäß § 25 Abs. 1 letzter Satz sowie Abs. 2 trotz der Note „Nicht genügend" zum Aufsteigen in die nächsthöhere Schulstufe berechtigt ist, von dieser Befugnis Gebrauch[1], so bleibt die Berechtigung zum Aufsteigen ohne Rücksicht auf die Beurteilung seiner Leistungen bei der Wiederholungsprüfung erhalten. Eine Wiederholungsprüfung ist nicht zulässig, wenn die Note auf dem Ergebnis einer Nachtragsprüfung (...) beruht.

---

1 Dies kann der Fall sein, weil ein Schüler sich durch eine erfolgreiche Wiederholungsprüfung die Option offen halten möchte, im nächsten Jahr mit einem „Nicht genügend" in diesem Pflichtgegenstand eventuell aufsteigen zu können.

(2) Wenn die Leistungen eines Schülers im Jahreszeugnis in mehr als zwei Pflichtgegenständen mit „Nicht genügend" beurteilt worden sind, aber nur höchstens zwei dieser Beurteilungen einem Übertritt in eine andere Schulart gemäß § 29[1] entgegenstehen, darf der Schüler aus den betreffenden Pflichtgegenständen eine Wiederholungsprüfung ablegen. Die erfolgreiche Ablegung der Wiederholungsprüfung ist mit dem Hinweis auf den beabsichtigten Übertritt in eine andere Schulart auf dem Jahreszeugnis zu vermerken. Dies gilt sinngemäß, wenn die Beurteilung mit „Nicht genügend" in höchstens zwei Pflichtgegenständen einem erfolgreichen Abschluss der 8. Schulstufe im Sinne des § 28 Abs. 3[2] entgegensteht.

(3) Die Wiederholungsprüfung darf im Falle eines Schulwechsels an der neuen Schule abgelegt werden, wenn mit dem Schulwechsel ein Wechsel der Schulart oder des Schulortes verbunden ist und es sich um eine Schule gleicher oder größerer Bildungshöhe handelt oder der Wechsel von der allgemein bildenden höheren Schule in die Hauptschule erfolgt. Die erfolgreiche Ablegung der Wiederholungsprüfung ist auf dem Jahreszeugnis zu vermerken.

(4) Eine Wiederholungsprüfung darf außer in den Fällen der Abs. 1 bis 3 auch in einem oder zwei Freigegenständen, in denen der Schüler mit „Nicht genügend" beurteilt worden ist, abgelegt werden.

ℹ Hat ein Schüler ein „Nicht genügend" und mindestens zwei Nachtragsprüfungen oder zwei „Nicht genügend" und mindestens eine Nachtragsprüfung, kann erst nach Ablegung der Nachtragsprüfung(en) über die Zulässigkeit der Wiederholungsprüfung(en) entschieden werden, weil drei oder mehr „Nicht genügend" die Ablegung von Wiederholungsprüfungen ausschließen.

Durchführungsbestimmungen

Für die Durchführung der Wiederholungsprüfungen gelten im Wesentlichen die Bestimmungen für Feststellungs- und Nachtragsprüfungen (s. oben), jedoch mit den folgenden Abweichungen:

---

1 In diesem Buch nicht zitiert.

2 In diesem Buch nicht zitiert.

Durchführungszeitpunkt

§ SchUG § 23 Abs. 1a bis 1c

(1a) Die Wiederholungsprüfungen finden – sofern die nachstehenden Abs. nicht anderes anordnen – zwischen Donnerstag der letzten Woche des Schuljahres und Dienstag der ersten Woche des folgenden Schuljahres[1] statt.

(1b) An ganzjährigen Berufsschulen dürfen die Wiederholungsprüfungen auch zwischen Mittwoch und Freitag der ersten Woche des Schuljahres abgelegt werden. An lehrgangs- und saisonmäßigen Berufsschulen sowie an über kein ganzes Unterrichtsjahr dauernden Berufsschulstufen dürfen die Wiederholungsprüfungen frühestens zwei Wochen nach Abschluss des Lehrganges und spätestens zu Beginn des folgenden, für den Schüler in Betracht kommenden Lehrganges abgelegt werden.

(1c) Die Festlegung der Tage, an welchen die Wiederholungsprüfungen durchzuführen sind, erfolgt durch das Schulforum (...) bzw. den Schulgemeinschaftsausschuss (...) oder, wenn ein gültiger Beschluss nicht zustande kommt, durch den Schulleiter. Dabei ist zu beachten, dass es durch die Abhaltung der Wiederholungsprüfungen zu keinem Unterrichtsentfall kommt und der Beginn des lehrplanmäßigen Unterrichtes (...) nicht verzögert wird.

i Die mit dem 2. Schulrechtspaket 2005 vollzogene Vorverlegung des Beginns der Wiederholungsprüfungen in die Ferien soll gewährleisten, dass es durch die Abnahme dieser Prüfungen zu keinem Entfall von Unterricht kommt. Schulforum bzw. Schulgemeinschaftsausschuss werden die Bandbreite der zur Verfügung stehende Tage mit Blick auf diese Zielsetzung zu nutzen haben.

Der konkrete Termin für den einzelnen Schüler wird vom Schulleiter festgelegt und ist dem Schüler spätestens eine Woche vor diesem Termin nachweislich bekannt zu geben. Anders als Feststellung- und Nachtragsprüfungen dürfen sich zweiteilige Wiederholungsprüfungen auf nicht mehr als zwei aufeinander folgende Tage erstrecken (§ 22 Abs. 3 LBVO).

---

1 Das Schuljahr besteht aus dem zehnmonatigen Unterrichtsjahr und den daran anschließenden zweimonatigen Hauptferien im Sommer. Die Wiederholungsprüfungen haben also zwischen Donnerstag der letzten Ferienwoche und Dienstag der ersten Schulwoche stattzufinden.

Prüfungsstoff

§ LBVO § 22 Abs. 12

Die Wiederholungsprüfungen haben sich auf den Lehrstoff des betreffenden Unterrichtsgegenstandes auf der ganzen Schulstufe zu beziehen.

ℹ Dagegen beziehen sich Feststellungs- und Nachtragsprüfungen auf den während des Jahres nicht durch Leistungsfeststellungen erfassten Lehrstoff.

Neu festzusetzende Jahresbeurteilung

§ LBVO § 22 Abs. 9

Auf die Beurteilung der Wiederholungsprüfung findet § 14 Anwendung; in die neu festzusetzende Jahresbeurteilung ist jedoch die bisherige Jahresbeurteilung mit „Nicht genügend" soweit einzubeziehen, dass sie die Entscheidung, dass die Wiederholungsprüfung positiv abgelegt wurde, nicht beeinträchtigt, dass jedoch die neu festzusetzende Jahresbeurteilung andererseits höchstens mit „Befriedigend" festgelegt werden kann.

ℹ Eine positive Wiederholungsprüfung führt zu einer positiven Zeugnisnote. Die neu festzusetzende Jahresbeurteilung darf jedoch höchstens auf „Befriedigend" lauten.

Wird die schriftliche Teilprüfung mit „Genügend", die mündliche mit „Nicht genügend" bewertet, ist die Gesamtbeurteilung nicht zwingend mit „Nicht genügend" festzusetzen, so dass der Lehrer eine solche Entscheidung zu begründen hätte (VwGH 27. 1. 1986, Zl 85/10/0149).

§ LBVO § 22 Abs. 13

Eine Wiederholung einer Wiederholungsprüfung ist nicht zulässig.

Beisitzer und Protokoll

§ SchUG § 23 Abs. 6

Die Beurteilung der Leistungen des Schülers bei der Wiederholungsprüfung hat durch den Lehrer des betreffenden Unterrichtsgegenstandes in der betreffenden Klasse (Prüfer) gemeinsam mit einem zweiten vom Schulleiter zu bestimmenden Lehrer (Beisitzer) zu erfolgen. Im Fall der Verhinderung des als Prüfer in Betracht kommenden Lehrers sowie im Falle des Abs. 3 [Ablegung der Prüfung an der neuen Schule im Fall eines Schulwechsels] *sind sowohl der Prüfer als auch der Beisitzer vom Schulleiter zu bestellen. Prüfer und Beisitzer sollen den betreffenden Gegenstand unterrichten oder für ihn lehrbefähigt sein. Über den Verlauf der Prüfung ist eine schriftliche Aufzeichnung* (analog zur Feststellungs- und zur Nachtragsprüfung) *zu führen. Wenn eine Einigung über die Beurteilung nicht zustande kommt, hat der Schulleiter zu entscheiden.*

Das Prüfungsgespräch führt nur der Prüfer; Zwischenfragen durch den Beisitzer sind jedoch zulässig.

4.4 Aufsteigen

Erfolgreicher Abschluss der Schulstufe

SchUG § 25 Abs. 1

Ein Schüler ist zum Aufsteigen in die nächsthöhere Schulstufe berechtigt, wenn er die Schulstufe erfolgreich abgeschlossen hat.[1] *Eine Schulstufe ist erfolgreich abgeschlossen, wenn das Jahreszeugnis in allen Pflichtgegenständen eine Beurteilung aufweist und in keinem Pflichtgegenstand die Note „Nicht genügend" enthält.*[2] *Eine Schulstufe gilt auch dann als erfolgreich abgeschlossen, wenn bei Wiederholen von Schulstufen das Jahreszeugnis in höchstens einem Pflichtgegenstand die Note „Nicht genügend" enthält und dieser Pflichtgegenstand vor der Wiederholung der Schulstufe zumindest mit „Befriedigend" beurteilt wurde.*[3]

1 Schüler der 1. Schulstufe sind nach § 25 Abs. 4 SchUG ohne Rücksicht auf die Beurteilungen im Jahreszeugnis zum Aufsteigen berechtigt.

2 Ein Schüler hört auf, Schüler einer berufsbildenden mittleren oder höheren Schule oder einer höheren Anstalt der Lehrerbildung und der Erzieherbildung zu sein, wenn er die 1. Stufe mit mehr als drei „Nicht genügend" in Pflichtgegenständen abgeschlossen hat (§ 33 Abs. 2 lit. f. SchUG i. V. m. § 82 a); er darf jedoch eine andere Schulform oder Fachrichtung besuchen. Zum Wiederholen der ersten Stufe ist er nur berechtigt, wenn alle Aufnahmswerber für diese erste Stufe an der betreffenden Schule aufgenommen werden konnten.

3 Der letzte Satz wurde durch die SchUG-Novelle 1996 angefügt. Vorher war prinzipiell denkbar, dass sogar ein Schüler, der in einem Fach beim erstmaligen Besuch der Schulstufe mit „Sehr gut" abgeschlossen hat, am Aufsteigen gehindert war, weil er beim Wiederholen der Schulstufe im selben Gegenstand ein „Nicht genügend" bekam.

Aufsteigen mit einem „Nicht genügend": Die sog. „Klausel"

§ SchuG § 25 Abs. 2

Ein Schüler ist ferner zum Aufsteigen in die nächsthöhere Schulstufe berechtigt, wenn das Jahreszeugnis zwar in einem Pflichtgegenstand die Note „Nicht genügend" enthält, aber

a) der Schüler nicht auch schon im Jahreszeugnis des vorhergegangenen Schuljahres[1] *in demselben Pflichtgegenstand die Note „Nicht genügend" erhalten hat,*

b) der betreffende Pflichtgegenstand – ausgenommen an Berufsschulen – in einer höheren Schulstufe lehrplanmäßig vorgesehen ist und

c) die Klassenkonferenz feststellt, dass der Schüler auf Grund seiner Leistungen in den übrigen Pflichtgegenständen die Voraussetzungen zur erfolgreichen Teilnahme am Unterricht der nächsthöheren Schulstufe im Hinblick auf die Aufgabe der betreffenden Schulart aufweist.

i Der Schüler ist zum Aufsteigen jedenfalls dann nicht berechtigt, wenn das Jahreszeugnis ein oder mehrere „Nicht beurteilt" oder mehr als eine negative Beurteilung enthält.

Eine Berechtigung zum Aufsteigen ist nach § 25 Abs. 2 SchUG unter den Voraussetzungen der lit. a bis c jedoch auch dann gegeben, wenn das Zeugnis in *einem* Pflichtgegenstand die Note „Nicht genügend" enthält.

Prognose-entscheidung der Klassen-konferenz

Während das Vorliegen der beiden ersten Kriterien – in diesem Gegenstand nicht auch schon im Vorjahr ein „Nicht genügend", kein auslaufender Gegenstand – zweifelsfrei feststellbar ist, verursacht das dritte Kriterium Anwendungsprobleme, weil die Klassenkonferenz hier einen Prognosespielraum besitzt: Sie muss einschätzen, ob der Schüler die Anforderungen der nächsthöheren Schulstufe „unter Zugrundelegung pädagogischen Sachverstandes und nach der allgemeinen Erfahrung" (Erk. des VwGH vom 11. 11. 1985, Zl. 85/10/0096) höchstwahrscheinlich bewältigen wird.

Diesbezüglich ist auf den Erlass des BMU vom 21. 3. 1997, MVBl. Nr. 56/1997, zu verweisen: Die Klassenkonferenz muss bei ihrer Prognose von den „Leistungsreserven" des Schülers ausgehen. Bei einem Aufsteigen mit einem „Nicht genügend" muss der Schüler in

[1] Gemeint ist das vorhergegangene Unterrichtsjahr im zeitlichen Sinne, nicht die vorhergegangene Schulstufe. Dieser Unterschied ist im Falle von Repetenten von Belang! (Erk. d. VwGH vom 25. 6. 1979, Zl. 715/79).

der nächsten Schulstufe die aus dem abgelaufenen Schuljahr stammenden Lücken schließen und dafür Lern- und Arbeitskapazität aus den positiv beurteilten Gegenständen abziehen, ohne aber dadurch das Fortkommen in diesen positiv abgeschlossenen Gegenständen zu gefährden. Ist auch nur für *einen* positiv abgeschlossenen Pflichtgegenstand im Folgejahr ein Absinken ins Negative wahrscheinlich, darf die Klassenkonferenz keine Berechtigung zum Aufsteigen erteilen. Dabei ist davon ausgehen, dass *die erforderlichen Leistungsreserven bei Beurteilungen mit zumindest „Befriedigend" jedenfalls gegeben* sind.

Eine eingehendere Befassung mit der Frage, ob ein Aufsteigen gerechtfertigt ist, ist daher nur nötig, wenn Beurteilungen mit „Genügend" vorliegen. Solche auf „Genügend" lautende Beurteilungen begründen für sich genommen zunächst weder eine positive noch eine negative Leistungsprognose. Es kommt, wie der VwGH klarstellt, „auf die Leistungen selbst" und „auf den Einzelfall" an (Erk. vom 2. 4. 1998, Zl. 97/10/0217).

Die Berechtigung zum Aufsteigen kann also nicht an einen bestimmten Höchstnotendurchschnitt oder an eine Obergrenze für die Zahl der „Genügend" in den übrigen Pflichtgegenständen geknüpft werden; dies würde unter anderem verkennen, dass die Leistungen des Schülers auf die Bedingungen ihres Zustandekommens hin zu untersuchen sind (z. B. Gesundheitsstörungen). Für den je konkreten Fall ist daher *inhaltlich und nicht notenarithmetisch* zu befinden, ob ein Aufsteigen gerechtfertigt ist (vgl. Hosch-Merkl 1980).

Für den Konferenzbeschluss (§ 57 Abs. 4 SchUG) ist die Anwesenheit von mindestens zwei Dritteln ihrer Mitglieder und die unbedingte Mehrheit[1] der abgegebenen Stimmen erforderlich. Auch Lehrer, die mehr als einen Unterrichtsgegenstand unterrichtet haben, haben nur eine Stimme. Stimmübertragungen und Stimmenthaltungen (Ausnahme: Befangenheit) sind unzulässig. Stimmrecht besitzen außerdem nur Mitglieder, die den Schüler im betreffenden Schuljahr zumindest vier Wochen unterrichtet haben.[2]

---

1 Das ist die nächste ganze Zahl über der Hälfte der Zahl der abgegebenen Stimmen.

2 Daher stimmt beispielsweise der Lehrer, der evangelische Religion unterrichtet, bei einem Schüler, der katholischen Religionsunterricht besuchte, nicht mit; umgekehrt wird bei länger dauernder Supplierung ein supplierender Lehrer zum Mitglied der Klassenkonferenz.

Leistungsbeurteilung für eine Schulstufe: Das Wichtigste in Kürze

- zuständig ist der Lehrer, die Klassenkonferenz hat nur beratende Funktion
- Einbeziehung aller vom Schüler während des Jahres erbrachten Leistungen
- keine Mittelwertbildung, sondern Gewichtung nach Anzahl, Stoffumfang, Schwierigkeitsgrad und Durchführungszeitpunkt
- bei längerem Fernbleiben des Schülers vom Unterricht gegebenenfalls Feststellungsprüfung; im Falle unverschuldeten Fernbleibens gegebenenfalls Nachtragsprüfung
- Aufsteigen mit einem „Nicht genügend" nur, wenn im Vorjahr in diesem Gegenstand positiv, wenn kein auslaufender Gegenstand und bei positiver „Prognoseentscheidung" der Klassenkonferenz

5 Beurteilung des Verhaltens in der Schule

Vornahme

§ LBVO § 18 Abs. 1

Eine Beurteilung des Verhaltens in der Schule hat in der Schulnachricht und im Jahreszeugnis nur

a) in den allgemein bildenden Pflichtschulen in der 5. bis 7. Schulstufe,

b) in den allgemein bildenden höheren Schulen, in den berufsbildenden mittleren und höheren Schulen, in den Bildungsanstalten für Kindergartenpädagogik und in den Bildungsanstalten für Sozialpädagogik in allen Schulstufen

zu erfolgen. Eine Beurteilung des Verhaltens in der Schulnachricht und im Jahreszeugnis hat jedoch in der letzten Stufe einer Schulart nicht zu erfolgen; ferner hat sie an allgemein bildenden Pflichtschulen in der Schulnachricht und im Jahreszeugnis nicht zu erfolgen, wenn der Schüler zufolge der Erfüllung der allgemeinen Schulpflicht die Schule verlässt.

§ LBVO § 18 Abs. 2

Noten

Für die Beurteilung des Verhaltens in der Schule bestehen folgende Beurteilungsstufen (Noten):

Sehr zufrieden stellend,

Zufrieden stellend,

Wenig zufrieden stellend,

Nicht zufrieden stellend.

§ SchUG § 21 Abs. 3 und 4

Gegenstand, Kriterien und Zuständigkeit

(3) Durch die Noten für das Verhalten des Schülers in der Schule ist zu beurteilen, inwieweit sein persönliches Verhalten und seine Einordnung in die Klassengemeinschaft den Anforderungen der Schulordnung bzw. der Hausordnung entsprechen.[1] *Bei der Beurteilung sind die Anlagen des Schülers, sein Alter und sein Bemühen um ein ordnungsgemäßes Verhalten zu berücksichtigen.*

(4) Die Beurteilung ist durch die Klassenkonferenz auf Antrag des Klassenvorstandes zu beschließen.

i Zu beurteilen ist nur das Verhalten des Schülers in der Schule und bei Schulveranstaltungen.

Es ist unbedingt zu beachten, dass das Verhalten des Schülers in der Schule nur im Rahmen der Verhaltensnote zu berücksichtigen ist, in die Leistungsbeurteilung aber *nicht* einbezogen werden darf (§ 18 Abs. 5 SchUG)!

---

[1] § 18 Abs. 3 LBVO ergänzt, dass durch die Verhaltensnote insbesondere auch die Erfüllung der im § 43 SchUG Abs. 1 genannten Pflichten (Mitarbeit, Einordnung in die Klassen- und Schulgemeinschaft, regelmäßiger und pünktlicher Unterrichtsbesuch, Mitführen der erforderlichen Unterrichtsmittel, Einhaltung der Schul- bzw. Hausordnung) beurteilt wird.

6 Pädagogische Aspekte der Leistungsbeurteilung

6.1 Transparenz

Schüler erleben recht unterschiedliche Beurteilungsmodelle als gerecht, wenn diese klar und deutlich schon vor Beginn der Leistungsfeststellungen bekannt gegeben werden und der Lehrer sich dann auch konsequent an sie hält.

Ausdruck einer fairen und qualitätsbewussten Leistungsbeurteilungskultur ist es, wenn die Schüler

- bereits am Beginn des Unterrichtsjahres darüber informiert werden, welche Teilleistungen in welcher Gewichtung in die Jahresnote eingehen,
- die Kriterien und ihre Gewichtung kennen, nach denen einzelne Leistungsfeststellungen beurteilt werden (das gilt auch und besonders für das Zustandekommen der „Mitarbeitsnote"),
- für jede einzelne Leistungsfeststellung vorab darüber informiert sind, welche Prüfungsergebnisse (Punktezahlen, Fehlerzahlen) zu welchen Noten führen.

6.2 Gerechtigkeit

Der Grundsatz der Gerechtigkeit gebietet gleiche Noten auf gleiche Leistungen. Dieses Ideal zu realisieren, ist aus mehreren Gründen eine große Herausforderung:

- Leistungsbeurteilung ist schon insofern nie gänzlich gerecht, als Schüler von verschiedenen Lehrern unterschiedlich gut auf die an sie gestellten Anforderungen vorbereitet werden. Was die Schüler letztlich wissen und können, ist mitbedingt durch die Qualität des Unterrichts, ohne dass sich die Schüler mit rechtlicher Relevanz auf qualitativ unzulänglichen Unterricht berufen könnten (vgl. S. 13 f.). Das Bemühen um eine durchgängig hohe Unterrichtsqualität ist daher zugleich auch eine wichtige Maßnahme zur Erhöhung der Beurteilungsgerechtigkeit.
- Der Lehrer selbst bestimmt in erheblichem Maße, *was* überhaupt gemessen werden soll. Er wählt aus, welche Leistungsas-

pekte beurteilungsrelevant sind und welche nicht. Ein und derselbe Schüler wird schon deshalb von verschiedenen Lehrern unterschiedlich beurteilt werden, weil er von ihnen Unterschiedliches gefragt wird. Es wäre daher wünschenswert, wenn – zumindest innerhalb einer Schule – über die im jeweiligen Fach prüfungsbedeutsamen Kernlernziele und die zu erreichenden Mindestkompetenzen eine gewisse Einigkeit bestünde. Eine gemeinsame „Philosophie des Schulfaches" sollte über verschiedene Lehrer hinweg eine ähnliche Stoffauswahl, ähnliche Ziele, vergleichbare Niveaus und damit vergleichbare Aufgabenstellungen und Prüfungskulturen sicherstellen.

- Unter dem Aspekt der Durchführungsobjektivität wäre außerdem eine Harmonisierung der Prüfungsbedingungen sehr zu begrüßen. Dies betrifft insbesondere die gewährten Bearbeitungszeiten im Vergleich zum Prüfungsumfang, die gewährten Hilfestellungen und erlaubten Hilfsmittel (Formelsammlungen, Taschenrechner, Gesetzestexte, Wörterbücher usw.).
- Nicht erst die Leistungsbeurteilung, schon die Leistungsfeststellung erfordert eine Gewichtung der einzelnen Aufgaben und ein Urteil darüber, welche Schülerantworten man unter welchen Gesichtspunkten als richtig oder falsch wertet. Insbesondere bei Aufgaben, die über das bloße Reproduktionsniveau hinausreichen (Verständnis, Anwendung, Analyse, Kreativität, Bewertung) können Lehrerurteile über den Grad der Richtigkeit der Schülerantworten beträchtlich voneinander abweichen (fehlende Auswertungsobjektivität). Erneut wären hier Lehrerarbeitsgemeinschaften gefordert. Eine Vereinheitlichung der Korrekturen lässt sich beispielsweise dadurch erreichen, dass Schularbeiten und Test fallweise von mehreren Lehrern korrigiert und die Korrekturen verglichen werden.
- Schließlich müssen die Ergebnisse der Leistungsfeststellung interpretiert und in Noten überführt werden. Wie bereits dargestellt gewähren die Notendefinitionen des Gesetzgebers sehr breite Ermessensspielräume (vgl. S. 79 ff.); sie treffen beispielsweise keine Aussage darüber, ab welcher Fehler- oder Punktezahl welche Note zu vergeben wäre. Es ist daher keineswegs gesichert, dass gleiche Schülerleistungen von allen Lehrern mit der gleichen Note beurteilt werden (mangelnde Interpretationsobjektivität). Einheitliche Festlegungen darüber, nach welchem Schlüssel bestimmte Messwerte (zum Beispiel: Punkte, schwere und leichte Fehler) in Noten transformiert werden, wären des-

halb sehr zu begrüßen. Dieser Schlüssel muss jedenfalls vom Leistungsniveau der jeweiligen Klasse unabhängig sein. Andernfalls werden Noten je nach zufälliger Klassenzugehörigkeit eines Schülers völlig unterschiedliche Kompetenzniveaus repräsentieren.

6.3 Validität (Gültigkeit)

Validität (Gültigkeit) ist die Genauigkeit, mit der eine Prüfung das misst, was sie messen sollte: das zuvor definierte (und hoffentlich relevante) Lehrziel – nicht mehr, nicht weniger, nichts anderes.

Prüfungsaufgaben sind Indikatoren, aus denen auf die Erreichung der Zielvorstellungen des Lehrers geschlossen werden kann. Bei der Konstruktion dieser Aufgaben geht es daher darum, Lehrziele „kleinzuarbeiten". Es reicht beispielsweise keineswegs aus zu definieren, der Schüler solle etwas „wirklich verstehen". Der Lehrer sollte sich bereits bei der Unterrichtsplanung Gedanken darüber machen, welche beobachtbaren Leistungen des Schülers den Rückschluss erlauben, der Schüler habe etwas „wirklich verstanden". Spätestens bei der Lernerfolgskontrolle ist er zur Operationalisierung seiner Zielvorstellungen gezwungen.

Zu fragen ist dann jeweils, ob eine Aufgabe auch tatsächlich jene Zielvorstellung misst, für die sie gebildet wurde (Validitätskontrolle). Für jede Prüfungsaufgabe ist zu überlegen, welche maßstabfremden Faktoren möglicherweise mitgemessen werden, z. B. die Sprachkompetenz des Schülers, obwohl eigentlich nur sein Fachwissen überprüft werden sollte, oder seine Fähigkeit zum Auswendiglernen, obwohl eigentlich erfasst werden sollte, ob der Schüler etwas verstanden hat.

Ursachen mangelhafter Validität

Hinsichtlich der Ursachen mangelhafter Validität ist vor allem auch auf den Einfluss maßstabfremder (nicht-sachlicher) Faktoren hinzuweisen. Empirisch bestätigt sind derartige Einflüsse beispielsweise für folgende Faktoren (vgl. etwa Klauer 1978, Bd. 3; Ingenkamp 1981, 1985, 1988, S. 102 ff., 1989):

- Vorinformationen des Lehrers über den Schüler[1], insbesondere über frühere Leistungen, Antworten auf Aufgaben in derselben Prüfung, Leistungen in anderen Fächern und soziale Herkunft;

[1] Informationen durch Kolleg/inn/en, auch wenn sie in bester Absicht gegeben

- tatsächliche oder vermutete hohe Intelligenz des Schülers;
- Sprachgewandtheit des Schülers;
- Länge der Textproduktionen bei schriftlichen Arbeiten;
- grammatikalische und orthographische Fehler, auch wenn nur der Inhalt beurteilt werden soll;
- Auftreten des Schülers;
- Äußeres des Schülers (bspw. wirkt sich kräfiges Schminken der Lippen negativ, das Tragen einer Brille positiv auf die Note aus);
- Beliebtheit des Schülers beim Lehrer und/oder bei den Mitschülern (beliebtere Schüler werden besser benotet);
- Handschrift;
- Geschlecht (Mädchen werden tendenziell günstiger beurteilt).

Möglichkeiten zur Erhöhung der Sachlichkeit

Der verzerrende Einfluss solcher sachfremder Faktoren lässt sich vor allem durch drei Maßnahmen reduzieren:

a) Maßstabfremde Faktoren schlagen auf die Beurteilung umso stärker durch, je vager die Zielvorstellungen des Lehrers sind. Nicht selten werden diese erst im Verlauf oder nach der Korrektur präzisiert. Der Fall ist dies vor allem bei mündlichen Prüfungen, aber auch bei schriftlichen Leistungsfeststellungen, wenn offene Aufgaben eingesetzt werden, für die vorab kein exaktes Lösungskriterium formuliert wurde.

   Der Lehrer sollte unbedingt, gerade bei anspruchsvolleren Aufgaben und vor allem auch bei mündlichen Prüfungen, bereits *vor der Prüfung* möglichst genaue Kriterien für eine zufrieden stellende Lösung definieren. Bei schriftlichen Prüfungen sollte bei ungebundenen Aufgaben vorher unbedingt eine *Musterantwort* oder ein *Lösungskriterium* formuliert werden. Dabei sollte man sich vor allzu globalen Auswertungskriterien hüten und die zu messende Leistung, so gut es geht, in Teilleistungen zergliedern.

b) Ein wesentlicher Objektivierungsschritt ist im *Übergang von der mündlichen zur schriftlichen Prüfung* zu sehen. Schriftliche Prüfungen sind vergleichsweise objektiver, weil

---

werden, sind daher immer eine potenzielle Quelle von Urteilsverzerrungen. Vor allem bei neu übernommenen Klassen sollte sich der Lehrer zunächst *selbst* ein Bild von den Schüler/inne/n machen.

- mehr Zeit für den Vergleich mit dem Maßstab zur Verfügung steht (dagegen sind in der mündlichen Prüfungssituationen Ad-hoc-Entscheidungen erforderlich),
- eine wiederholte Überprüfung des Messergebnisses möglich ist und die Möglichkeit besteht, die Lernerfolgsfeststellung mit Kollegen oder dem Schüler zu besprechen,
- alle Schüler die gleichen Aufgaben bearbeiten,
- die Durchführungsobjektivität höher ist (so kommt es bei mündlichen Prüfungen vor, dass dem einen Schüler mehr, dem anderen weniger Hilfe gegeben wird, eine Frage einmal präziser, dann weniger präzise gestellt wird usw.)
- der Lehrer weniger voneinander verschiedene Aufgaben benötigt. Bei einer mündlichen Prüfung müsste er theoretisch für jeden einzelnen Schüler eine gleichwertige Fragestellung bereit haben. Gerade bei komplexen Aufgaben ist dies oft nicht möglich, wodurch gleiche Prüfungsfragen wiederholt werden. Damit wird die Chancengleichheit in der Prüfungssituation reduziert.

c) Prinzipiell gilt: Die Formulierung präziser Maßstäbe ist umso leichter, je weniger Lösungsmöglichkeiten für eine Aufgabe möglich sind. Je höher der Anteil schöpferischer Leistungen, desto schwieriger ist die Präzisierung des Maßstabes vor der Lernerfolgskontrolle. Aus diesem Grund ist eine Einengung des Spielraums bei der Bearbeitung der Aufgaben anzustreben. Die Objektivität der Messung ist in der Regel bei aufsatzartig zu beantwortenden Aufgaben am geringsten, bei Aufgaben mit gebundener Antwortformulierung am höchsten.

6.4 Reduktion von Urteilsfehlern

Zu den Urteilsfehlern rechnet zunächst die ungleichmäßige Ausschöpfung des Beurteilungsspektrums.

Strenge- und Mildeeffekt

Der *Strenge- oder Mildeeffekt* äußert sich in der Neigung zu überhöhter oder zu niedriger durchschnittlicher Beurteilung. Der Lehrer nutzt also überwiegend oder ausschließlich den oberen (3 bis 5; Strengeeffekt) oder den unteren Bereich der Notenskala (1 bis 3; Mildeeffekt). Er kann damit – abgesehen von der reduzierten Trennschärfe der Beurteilung – bei einzelnen Schülern Entmutigungen (Strengeeffekt) oder Oberflächlichkeiten (Mildeeffekt) begünstigen.

Durch zahlreiche Untersuchungen ist belegt, dass in verschiedenen Unterrichtsfächern mit unterschiedlicher Strenge benotet wird (Ingenkamp 1985, S. 178; Sacher 2004, S. 49). Die Fächer werden tendenziell umso strenger beurteilt,

- je mehr die Leistungen über schriftliche Arbeiten gemessen werden,
- je besser die Leistungen quantifizierbar sind,
- je stärker die verbalen Anforderungen hervortreten und
- je mehr Stunden ein Fach im Lehrplan einnimmt, je eher es sich also um ein so genanntes „Hauptfach" handelt.

Die mildesten Noten finden sich beispielsweise in Religion, Musik, Zeichnen und Bewegung und Sport, die strengsten in der Sekundarstufe in Fremdsprachen, Mathematik und Deutsch.

Fehler der zentralen Tendenz

Ein *Fehler der zentralen Tendenz* liegt vor, wenn der Lehrer zu „Weder-noch-Aussagen" tendiert und die Extreme der Gesamtskala vermeidet – er benutzt z. B. nur die Notenstufen 2 bis 4. Dahinter mag sich Entscheidungsunlust, mehr noch aber eine gewisse Ängstlichkeit verbergen: Die vermeintlich „goldene" Mitte ist oft leichter zu vertreten als das klare Urteil.

Dichotomisierungstendenz

Bei der *Dichotomisierungstendenz* unterscheidet der Lehrer vor allem gute von schlechten Leistungen und vergibt vergleichsweise selten durchschnittliche Noten. Dies kann darauf zurückzuführen sein, dass er bei guten Schüler dazu neigt, kleinere Mängel zu übersehen, während er bei schwächeren Schülern die gelungenen Teile übersieht.

Die wichtigste Gegenmaßnahme gegen die genannten Urteilsfehler besteht darin, sie sich bewusst zu machen, indem man auf die eigenen Beurteilungen über einen längeren Zeitraum und über eine größere Zahl von Schülern hinweg zurückblickt und etwaige Auffälligkeiten registriert.

Reihungseffekte

Neben der ungleichmäßigen Ausschöpfung des Beurteilungsspektrums sind *Reihungseffekte* bekannt. Insbesondere bei schriftlichen Arbeiten neigen die Beurteiler dazu, die ersten Arbeiten strenger zu beurteilen als die letzten. Ein besonderer Reihungseffekt ist der Kontrasteffekt: Schwache Leistungen werden – sowohl in mündlichen (Birkel 1978) als auch in schriftlichen Prüfungen – noch negativer beurteilt, wenn sie auf eine gute folgen, gute Leistungen noch besser, wenn sie auf schwache folgen. Auch davor schützen vorab festgelegte, präzise Lösungskriterien.

6.5 Prüfungsergebnisse als Feedback an alle Beteiligten

Noten erfüllen auch, aber nicht nur und aus pädagogischer Sicht keineswegs in erster Linie Selektionszwecke. Sie sind vielmehr wertvolle pädagogische Signale für den Lehrer und die Schüler und sollten als solche auch ernst genommen werden. Insbesondere bei unzureichenden Prüfungserfolgen sollte sehr differenziert nach den Ursachen und den einzuleitenden Gegensteuerungsmaßnahmen gefragt werden:

- In welchem Maße sind die Ergebnisse tatsächlich in erster Linie auf mangelnde Anstrengung durch die Schüler zurückzuführen?
- Gibt es auffällige Leistungseinbrüche bei einzelnen Schülern? Was ist dafür die Ursache?
- Wie hoch ist der Lehreranteil am betreffenden Prüfungsergebnis (Transparenz der Lehrziele, Qualität des Unterrichts, ausreichende Gelegenheit zum Üben usw.)?
- Wurden die gesetzten Lehrziele von den meisten Schülern erreicht, sodass guten Gewissens im Unterricht fortgefahren werden kann?
- Bedarf es einer Korrektur des eigenen Anspruchsniveaus? Wie schneidet diese Klasse, wie schneidet dieser Schüler bei Kollegen ab?
- Gibt es Mängel in der Konstruktion und Durchführung der Prüfungen (missverständliche Aufgaben, Fehleinschätzung der Aufgabenschwierigkeit, unangemessener Zeitdruck, mangelnde Trennschärfe der Aufgaben usw.)?

Die Qualität eines Lehrers unmittelbar an Notendurchschnitten festzumachen, ist gänzlich verfehlt. Weder gute noch schlechte Noten sagen unmittelbar etwas über die Unterrichtsqualität aus. Wer viele „Versager" produziert, mag vielleicht hohe Ansprüche stellen, vielleicht unterrichtet er aber auch nicht gut genug. Und umgekehrt: Viele gute Noten weisen nicht zwingend auf guten Unterricht hin. Es kann sich schlechter Unterricht auch mit Benotungsmilde paaren, wodurch Nichtleistungsallianzen zwischen Lehrern und Schülern entstehen. Der Blick muss vielmehr auf das gerichtet werden, was die Schüler bei einem Lehrer tatsächlich lernen und am Ende wissen und können – und dies wird durch Noten alleine nur unbefriedigend abgebildet.

6.6 Rückmeldekultur

Prüfungsergebnisse als Feedback zu verstehen, heißt insbesondere auch, sich um eine pädagogisch anspruchsvolle Rückmeldekultur zu bemühen. Dazu gehört im Einzelnen

- eine entsprechende *Zeitkultur:* Man sollte sich um eine möglichst baldige Rückmeldung der Ergebnisse an die Schüler bemühen und diese nicht unnötig lange über Prüfungsergebnisse im Ungewissen lassen.
- statt einer bloßen Bekanntgabe- eine *Begründungskultur:* Der Schüler braucht über die bloße Note hinaus auch qualitatives Feedback.
- eine *Förderkultur:* Leistungsschwächeren Schülern müssen über das Feedback hinaus auch konkrete Lernhinweise für die Zukunft gegeben werden. Zu diesem Zweck können verschiedenen Schülern beispielsweise je individuelle Hausübungen angeboten werden, die auf ihre spezifischen Leistungsausfälle zugeschnitten sind.
- eine *Besprechungskultur:* Nicht nur, aber insbesondere mit leistungsschwächeren Schülern sollten Beurteilungsgespräche in einer möglichst entspannten Atmosphäre und ohne Zeitdruck geführt werden.

Bei allen Rückmeldungen sollte immer im Auge behalten werden, dass es darum geht, eine Rückmeldung auf die Leistung des Schülers zu geben, nicht aber auf seine Person als Ganzes oder gar den Wert der Person.

Ursachenzuschreibung

Wichtig ist außerdem, dass sich der Lehrer um eine motivationserhaltende und -fördernde Ursachenzuschreibung (Kausalattribution) der Schülerleistungen bemüht. Es gibt immer mehrere Möglichkeiten, sich das Zustandekommen einer Schülerleistung zu erklären. Es mag an der Aufgabenschwierigkeit liegen, am Zufall, an der Schülerbegabung oder am Fleiß des Schülers. Kombiniert man die Kriterien personintern/personextern und stabil/variabel, so ergibt sich folgende Tafel:

	personinterne Ursachen	personexterne Ursachen
stabile Ursachen	Können (Begabung, Intelligenz)	Aufgabenschwierigkeit, Ansprüche des Lehrers
veränderliche Ursachen	Wollen (Fleiß, Einsatz)	Zufall (Glück, Pech)

Es ist wahrscheinlich, dass Schüler auf Dauer die Ursachenzuschreibung des Lehrers übernehmen. Motivational günstig ist es, bei der Rückmeldung auf Ursachen abzustellen, die vom Schüler kontrolliert werden können. Personexterne Ursachen entziehen sich ebenso seiner Kontrolle wie stabile Ursachen. Daher sollte vor allem seine Anstrengung als Erfolgs- oder Misserfolgsursache hervorgehoben werden. Dagegen ist es wenig motivationsfördernd, wenn der Lehrer den Erfolg eines Schülers etwa auf eine „leichte" Aufgabenstellung oder gar auf „Glück" zurückführt. Geradezu desaströs wirkt es, wenn Misserfolge auf „mangelnde Begabung" zurückgeführt werden. Damit nämlich wird dem Schüler suggeriert, es liege an einem Umstand, den er selbst nicht beeinflussen kann.

Noten als Motivationsfaktor?

Die Beurteilung von Schülerleistungen und die Rückmeldung dieser Urteile an den Schüler ist ein wesentliches, aber nicht unumstrittenes Instrument der Motivierung. Als Motivierungsinstrument umstritten ist die Note, weil

1. sie von den fachlichen Herausforderungen, an deren Bewältigung sie geknüpft ist, ablenken kann. Dem nur notenmotivierten Schüler wird jeder Weg (Abschreiben, Schwindeln, Erregung von Mitleid usw.) zweckmäßig erscheinen, der ihn zur gewünschten Note führt. Die Minimierung des Aufwandes ist nur folgerichtig, wenn das eigentliche Ziel des Schülers nicht die Lösung des fachlichen Problems, sondern die gute Note ist.

2. der Schüler nur dann lernen wird, wenn eine Prüfung bevorsteht, so wie generell extrinsische Motivation ein hohes Maß an Kontrolle von außen voraussetzt. Ziel des Unterrichts sollte es dagegen sein, dass der Schüler sich über seine Schulzeit hinaus mit den Lehrinhalten beschäftigt („Nicht für die Schule, für das Leben lernen wir.").

3. ein Schüler, der dazu erzogen wird, sich mit den Noten und nicht mit den Inhalten der jeweiligen Leistung zu identifizieren, möglicherweise dazu neigen wird, auch andere gesellschaftliche Anforde-

rungen ohne selbstständige Überlegungen über deren Sinn und Zweck zu erfüllen.

Man kann andererseits durchaus auch die These vertreten, dass Schüler sinnvoll auf das Leben vorbereitet werden, wenn sie lernen, auf Grund extrinsischer Motivierung Aufgaben verantwortungsvoll zu erledigen und sich mit Problemen auseinander zu setzen, denen sie derzeit kein besonderes Interesse abgewinnen können. Vor allem ist die Erwartung unrealistisch, Menschen würden das im Laufe der Menschheitsgeschichte kumulierte Wissen, das in großem Umfang in der Kindheits- und Jugendphase zu übernehmen ist, ausschließlich aus Neugier und intrinsischer Motivation erwerben wollen.

Unabhängig davon sollte aber gelten: *Die Nutzung von Sekundärmotivationen darf Primärmotivationen nicht zerschlagen.* So steht der Lehrer vor dem Problem, seine Jahresnote juristisch absichern zu müssen. Das ist über punktuelle schriftliche Leistungen leichter möglich als über die kontinuierliche Mitarbeit. Damit besteht die Gefahr, die punktuelle, auf Noten gerichtete Lernarbeit der Schüler stärker zu prämieren als etwa die primärmotivierte intensive Bearbeitung einer Einzelfrage oder die hoch motivierte Arbeit an einem Projekt oder in einer Gruppe.

Die Berufung

Vorbemerkung

Es liegt in der Natur der Sache, dass Eltern und Schüler einerseits, Lehrer andererseits im Einzelfall unterschiedliche Vorstellungen darüber haben, welche Note einem Schüler gerechterweise zusteht. In der Natur des Rechtsstaates liegt es, dass der Gesetzgeber die Möglichkeit eines nachprüfenden Verfahrens durch die Schulbehörden vorsieht. Insofern sind Berufungen etwas durchaus Natürliches.

Dennoch sollte im Einzelfall untersucht werden, welche allfälligen Mängel im pädagogischen und kommunikativen Vorfeld zur Eskalation des Konfliktes geführt haben. Interventionen bei den Schulbehörden sollten jedenfalls als mögliche Hinweise auf eine nicht befriedigend funktionierende Gesprächs- und Konfliktlösungskultur ernst genommen werden.

Anfechtbare Entscheidungen

Die Möglichkeit des viel zitierten „Noteneinspruches“ existiert *nicht*.[1] Berufen werden kann lediglich gegen die Entscheidung der Klassenkonferenz, dass der Schüler nicht zum Aufsteigen berechtigt ist oder die letzte Schulstufe nicht erfolgreich abgeschlossen hat. Es gibt also keine Berufungsmöglichkeit[2] gegen Noten auf einzelne Leistungsfeststellungen (z. B. ein als ungerecht empfundenes „Nicht genügend“ bei einer Schularbeit) oder gegen Zeugnisnoten. Selbst gegen ein „Nicht genügend“ im Zeugnis kann dann nicht vorgegangen werden, wenn die „Aufstiegsklausel“ gewährt wurde, also der Schüler mit diesem „Nicht genügend“ auf Grund des Beschlusses der Klassenkonferenz aufsteigen darf.

Einbringung

§ SchUG § 71 Abs. 2 lit. c und Abs. 3

(2) Gegen die Entscheidung, [...] dass der Schüler zum Aufsteigen nicht berechtigt ist oder die letzte Stufe der besuchten Schulart nicht erfolgreich abgeschlossen hat (Entscheidung gemäß § 20 Abs. 6, Entscheidung nach Ablegung von einer oder zwei Wie-

---

[1] Dies deshalb, weil nach herrschender Rechtsauffassung Noten den Charakter von Sachverständigengutachten haben; ihre Bekanntgabe hat nicht den Charakter eines Bescheides, der als solcher dann durch Rechtsmittel bekämpft werden könnte (vgl. kritisch dazu Zeinhofer 1992).

[2] Von der Berufung zu unterscheiden ist eine bloße sog. Aufsichtsbeschwerde an die Schulbehörde, die zwar jederzeit möglich ist und auch ein „Überspringen“ der ersten Instanz ermöglicht, aber keinen Anspruch auf rechtsförmliche Erledigung gewährt.

derholungsprüfungen, jeweils in Verbindung mit § 25), [...] ist die Berufung an die Schulbehörde erster Instanz[1] *zulässig. Die Berufung*[2] *ist schriftlich (nach Maßgabe der technischen Möglichkeiten auch telegrafisch, fernschriftlich, mit Telefax, im Wege automationsunterstützter Datenübertragung oder in jeder anderen technisch möglichen Weise) innerhalb von fünf Tagen bei der Schule [...] einzubringen. Der Schulleiter [...] hat die Berufung unter Anschluss einer Stellungnahme der Lehrer [...], auf deren Beurteilungen sich die Entscheidung gründet, sowie unter Anschluss aller sonstigen Beweismittel unverzüglich der Schulbehörde erster Instanz vorzulegen.*

(3) Die Frist für die Einbringung der Berufung beginnt im Falle der mündlichen Verkündung der Entscheidung mit dieser, im Falle der schriftlichen Ausfertigung der Entscheidung jedoch mit der Zustellung[3].

i Der Schüler kann beispielsweise die Entscheidung der Klassenkonferenz bekämpfen, die ihm das Aufsteigen mit einem „Nicht genügend" verweigert. Für den häufigen Fall, dass er die Unrichtigkeit einer oder mehrerer negativer Jahresbeurteilungen behauptet, geht es im Berufungsverfahren darum, deren Richtigkeit zu überprüfen. Daher kann potenziell jede einzelne Leistungsbeurteilung während des Unterrichtsjahres mittelbar angreifbar werden, insofern diese ja die negative Jahresbeurteilung mitbegründet.

Das nachprüfende Verfahren kann entweder von den Erziehungsberechtigten oder, im Falle der Volljährigkeit, auch vom Schüler selbst angestoßen werden.

Kein vorläufiges Aufsteigen

Im Falle der Berufung gegen die Nichtberechtigung zum Aufsteigen ist ein „vorläufiges" Aufsteigen bis zur rechtskräftigen Erledigung der Berufung *nicht* möglich. Die Berufung hat – wie dem Nicht-Juristen wohl unverständlich bleiben muss – *keine aufschiebende Wir-*

1 Für Volks-, Haupt- und Sonderschule sowie Polytechnische Schule ist dies der Bezirksschulrat, für mittlere und höhere Schulen sowie Berufsschulen der Landesschulrat.

2 Eine Begründung der Berufung ist zweckmäßig, weil sie das Verfahren beschleunigt, für ihre Rechtmäßigkeit aber nicht Voraussetzung (Jonak/Kövesi 2003, S. 694, Anm. 9).

3 Sonn- und Feiertage sind in die Fünf-Tages-Frist einzurechnen. Fällt der letzte Tag der Frist auf einen Samstag, Sonn- oder Feiertag, gilt der nächste Werktag als letzter Tag der Frist (§ 74 SchUG).

kung. Bis zu einer möglicherweise positiven Erledigung der Berufung bleibt der Schüler daher gleichsam „vorsorglich sitzen".

Stellungnahme und sonstige Beweismittel

Die Stellungnahme der betreffenden Lehrer wird insbesondere eine Darlegung der Gründe für die negative Beurteilung enthalten und sich dabei auf SchUG und LBVO stützen. Als Beweismittel kommen vor allem in Betracht: Protokoll der Klassenkonferenz, Unterlagen über das Zustandekommen der Beurteilung, wie Schularbeiten und allfällige Tests im Original, Fragestellungen und Noten der mündlichen Prüfungen; Hausübungshefte; ev. Klassenbuchauszug, aus dem sich der Lehrstoff ergibt; Angabe des verwendeten Lehrbuches, Kopien zusätzlich ausgegebener Arbeitsunterlagen. Die Beweismittel sollten schlüssig und lückenlos sein.

Behauptet der Schüler, dass ihm das Aufsteigen mit einem „Nicht genügend" zu Unrecht verweigert wurde, so ist eine zusammenfassende Information über das Leistungsbild des Schülers nicht ausreichend. Vielmehr bedarf es der Stellungnahmen durch den oder die Lehrer jener Gegenstände, in denen das Vorhandensein ausreichender Leistungsreserven verneint wurde (Erlass des BMU vom 21. 3. 1997, MVBl. Nr. 56/1997).

Recht auf Akteneinsicht

§ AVG § 17

(1) Die Behörde hat, sofern die Verwaltungsvorschriften nicht anderes bestimmen, den Parteien Einsicht in die ihre Sache betreffenden Akten oder Aktenteile zu gestatten; die Parteien können sich davon an Ort und Stelle Abschriften selbst anfertigen oder nach Maßgabe der vorhandenen technischen Möglichkeiten auf ihre Kosten Kopien anfertigen lassen. Nach Maßgabe der vorhandenen technischen Möglichkeiten kann Akteneinsicht auch im Wege der automationsunterstützten Datenverarbeitung gestattet werden.

(2) Allen an einem Verfahren beteiligten Parteien muss auf Verlangen die Akteneinsicht in gleichem Umfang gewährt werden.

(3) Von der Akteneinsicht sind Aktenbestandteile ausgenommen, insoweit deren Einsichtnahme eine Schädigung berechtigter Interessen einer Partei oder dritter Personen oder eine Gefährdung der Aufgaben der Behörde herbeiführen oder den Zweck des Verfahrens beeinträchtigen würde.

(4) Gegen die Verweigerung der Akteneinsicht ist kein Rechtsmittel zulässig.

§ SchUG § 71 Abs. 4

Die Schulbehörde erster Instanz hat in den Fällen des Abs. 2, insoweit sich die Berufung auf behauptete unrichtige Beurteilungen mit „Nicht genügend" stützt, diese zu überprüfen. Wenn die Unterlagen nicht zur Feststellung, dass eine auf „Nicht genügend" lautende Beurteilung unrichtig oder richtig war, ausreichen, ist das Verfahren zu unterbrechen und der Berufungswerber zu einer kommissionellen Prüfung (Abs. 5) zuzulassen. Die Überprüfung der Beurteilungen bzw. die Zulassung zur kommissionellen Prüfung hat auch dann zu erfolgen, wenn deren Ergebnis keine Grundlage für eine Änderung der angefochtenen Entscheidung gibt[1].

Überprüfung durch die erste Instanz

i Die Behörde hat die Leistungsfeststellungen und -beurteilungen – ggf. unter Beiziehung eines pädagogischen Amtssachverständigen – auf Grund der eingereichten Unterlagen auf sachliche und rechtliche Richtigkeit zu prüfen. Nicht zu prüfen sind die Umstände, die zu der mit „Nicht genügend" beurteilten Leistung geführt haben, mögen sie auch im schulischen Bereich liegen (s. S. 13 f.).

Reichen die Unterlagen für die Überprüfung der Richtigkeit der Beurteilung nicht aus, ist – wohl erst nach gescheitertem Versuch der Vervollständigung der Unterlagen – das Verfahren „zu unterbrechen" und wird der Berufungswerber zu einer kommissionellen Prüfung über den Jahresstoff zugelassen.

Nichtausreichen der Unterlagen

Die Unterlagen reichen nicht aus (vgl. Fankhauser 1987),

- wenn nicht alle Leistungsfeststellungen des betreffenden Unterrichtsjahres aktenmäßig dokumentiert sind (es fehlen z. B. Tests oder die Fragen einer mündlichen Prüfung sind nicht mehr eruierbar, sodass Lehrplangemäßheit, Stoffumfang und Schwierigkeitsgrad nicht festgestellt werden können) und nicht ausgeschlossen werden kann, dass sie maßgeblichen Einfluss auf die Jahresnote hatten (das fällt umso stärker ins Gewicht, je länger, schwieriger oder näher am Ende des Unterrichtsjahres gelegen eine Leistungsfeststellung gewesen ist), oder
- „wenn sie durch den erhärteten Verdacht der Voreingenommenheit des Prüfers belastet sind" und das daraus resultierende Leh-

[1] Wenn beispielsweise zwei „Nicht genügend" jedenfalls gerechtfertigt waren (und der Schüler daher keinesfalls aufsteigen kann), ist dennoch ggf. in einem dritten Gegenstand eine kommissionelle Prüfung anzuberaumen, wenn die Unterlagen zur Überprüfung der Beurteilungsrichtigkeit nicht ausreichen.

rerverhalten „in einem unmittelbaren Zusammenhang mit Leistungsfeststellungen oder Leistungsbeurteilungen steht“[1] (VwGH vom 27. 6. 1988, Zl. 88/10/0062)[2].

Die Unterlagen gelten weiters als nicht ausreichend,

- wenn die zur negativen Benotung führenden Prüfungen grob rechtswidrig waren, also z. B. Fragen gestellt wurden, die sich auf einen Lehrstoff beziehen, der lehrplanmäßig erst in höheren Schulstufen vorgesehen ist (vgl. z. B. VwGH vom 20. 12. 1999, Zl. 97/10/0111) oder die im Unterricht nicht behandelt worden sind (VwGH vom 27. 1. 1986, Zl. 85/10/0149), oder die Prüfungszeit massiv überschritten wurde (vgl. z. B. VwGH vom 9. 2. 1989, Zl. 88/10/0181-9),
- wenn prüfungstechnische Mängel vorliegen, etwa derart, dass die gewährte Prüfungszeit dem Umfang der Aufgabenstellung nicht entspricht (vgl. etwa VwGH vom 15. 2. 1999, Zl. 98/10/0377).

Die Wahrscheinlichkeit, dass die Unterlagen bei strenger Betrachtung „nicht ausreichen“, ist schon deshalb gegeben, weil naturgemäß die mündlichen Leistungen (Mitarbeitsfeststellungen, mündliche Prüfungen und Übungen) in der Aktenlage schlechter abgebildet sein werden als die gut dokumentierten schriftlichen Leistungen. Das fiele vor allem dann ins Gewicht, wenn der Beschwerdeführer auf die Unrichtigkeit solcher Beurteilungen abstellt.

Kommissionelle Prüfung

§ SchUG § 71 Abs. 5 und 7

(5) Für die Durchführung der kommissionellen Prüfung gelten die Bestimmungen über die Wiederholungsprüfung (§ 23 Abs. 6) mit der Maßgabe, dass

---

[1] Diesen unmittelbaren Zusammenhang legt der VwGH sehr eng aus. Eine Beschwerdeführerin hatte u. a. argumentiert, dass die Lehrerin sie aufgefordert habe, alle Pulte der Klasse zu reinigen, und sie durch Festhalten am Kragen am Verlassen der Klasse gehindert habe, woraus ableitbar sei, dass diese auch bei der Leistungsbeurteilung voreingenommen sein werde. Nach Ansicht des VwGH liegt dieses Verhalten jedoch zweifelsfrei außerhalb des Leistungsbeurteilungsbereiches und scheidet als Begründung für eine Voreingenommenheit (Befangenheit) der Prüferin aus.

[2] Als Indizien für eine Voreingenommenheit könnten zum Beispiel in Betracht kommen: ein etwaig polemischer Tenor der vom Lehrer zur Berufung abzufassenden Stellungnahme oder in den Schularbeitenheften aufscheinende Bemerkungen, die Unsachlichkeit des Lehrers signalisieren (Vgl. Fankhauser 1988b, S. 72).

1. die Prüfung unter dem Vorsitz eines Schulaufsichtsbeamten oder eines von diesem bestimmten Vertreters stattzufinden hat und

2. der Vorsitzende den Lehrer, der den betreffenden Unterrichtsgegenstand in der betreffenden Klasse unterrichtet hat, oder einen anderen für den betreffenden Unterrichtsgegenstand (das Prüfungsgebiet) lehrbefähigten Lehrer als Prüfer und einen weiteren Lehrer als Beisitzer zu bestellen hat.

Wenn eine Einigung über die Beurteilung des Ergebnisses dieser Prüfung nicht zu Stande kommt, entscheidet der Vorsitzende.

(7) Im Berufungsverfahren gegen die Entscheidung der Schulbehörde erster Instanz darf eine kommissionelle Prüfung im Sinne der Abs. 4 und 5 nicht wiederholt werden.

i Dem Schüler muss *keine* Zeit gegeben werden, sich auf diese Prüfung besonders vorzubereiten (dies wäre mit Blick auf die dreiwöchige Entscheidungsfrist auch schwerlich möglich).[1]

Dass der Lehrer des betreffenden Unterrichtsgegenstandes als Prüfer fungieren kann, ist bemerkenswert. Es besteht kein Rechtsanspruch auf einen anderen Prüfer.

Macht der Schüler von der Möglichkeit der Ablegung der kommissionellen Prüfung ohne triftigen Grund (z. B. Krankheit) keinen Gebrauch, bleibt es beim „Nicht genügend",[2] bei gerechtfertigtem Grund muss ein neuer Termin gesetzt werden.

Entscheidung der ersten Instanz

§ SchUG § 71 Abs. 6

Der der Berufung stattgebenden oder diese abweisenden Entscheidung ist die Beurteilung zugrunde zu legen, die die Behörde nach der Überprüfung bzw. die Prüfungskommission nach der Durchführung der Prüfung für richtig hält. Sofern diese Beurteilung nicht auf „Nicht genügend" lautet, ist ein Zeugnis auszustellen, das diese Beurteilung enthält.

---

1 Die Frist zwischen Bekanntgabe und Prüfungstermin muss dem Schüler aber „ausreichend Zeit für die notwendigen organisatorischen Vorbereitungen" lassen (VwGH vom 10. 6. 1985, Zl.84/10/0272).

2 Vgl. das Erkenntnis des VwGH vom 16. 12. 1996, Zl. 96/10/0095, und die dort zitierte Vorjudikatur.

Zusammenfassend hat die Schulbehörde erster Instanz also vier Möglichkeiten: a) Die Unterlagen reichen aus und der Berufung wird stattgegeben; es wird ein Jahreszeugnis ausgestellt, in dem der betreffende Gegenstand positiv beurteilt wird; b) Die Unterlagen reichen aus und die Berufung wird abgewiesen; es bleibt dabei, dass der Schüler nicht aufsteigen darf. c) Es wird erst nach Durchführung einer kommissionellen Prüfung entschieden, weil die Unterlagen nicht ausreichen; das Ergebnis dieser Prüfung tritt dann an die Stelle der angefochtenen Jahresbeurteilung; d) die Berufung wird zurückgewiesen, weil sie nicht fristgerecht oder von einem Nichtberechtigten eingebracht wurde.

Zweite Instanz

Gegen den Bescheid der ersten Instanz, der spätestens drei Wochen nach Einlangung der Berufung bei der Schule erlassen werden muss, kann binnen zwei Wochen berufen werden. Die Wiederholung einer erstinstanzlich durchgeführten kommissionellen Prüfung durch die zweite Instanz ist ausgeschlossen. Für die zweite Instanz gilt eine Entscheidungsfrist von drei Monaten.

Der Zug zur zweiten Instanz ist ausgeschlossen, wenn die Entscheidung über das Nicht-Aufsteigen im Gefolge der Ablegung einer oder zweier Wiederholungsprüfungen oder einer Nachtragsprüfung getroffen wurde.[1]

VwGH und VfGH

Schließlich bleibt noch die Möglichkeit, binnen sechs Wochen nach Zustellung des Bescheides der zweiten Instanz eine Bescheidbeschwerde an den Verwaltungs- oder an den Verfassungsgerichtshof heranzutragen. Diese muss von einem Rechtsanwalt ausgefertigt werden.

---

[1] Bis zur allenfalls positiven Erledigung einer Berufung muss der Schüler die ursprüngliche Klasse besuchen. Im Falle einer Wiederholungs- oder Nachtragsprüfung im Herbst fiele die Entscheidung der zweiten Instanz so spät, dass eine allenfalls positive Erledigung der Berufung für den Schüler von geringem Wert wäre.

Die Berufung:
Das Wichtigste in Kürze

- nur gegen Nichtberechtigung zum Aufsteigen, nicht gegen Noten
- Einbringung bei der Schule binnen fünf Tagen
- Begründung nicht erforderlich, aber zweckmäßig
- Weiterleitung der Berufung gemeinsam mit Stellungnahme der Lehrer und sonstigen Beweismitteln an die Schulbehörde erster Instanz
- Entscheidung binnen drei Wochen
- wenn Unterlagen nicht ausreichen: kommissionelle Prüfung
- gegebenenfalls Zug zur zweiten Instanz (nicht aber im Falle von Wiederholungs- oder Nachtragsprüfungen)

Literatur

Beck, K./Krumm, V. (1998): *Wirtschaftskundlicher Bildungs-Test (WBT).* Göttingen u. a: Hogrefe.

Betz, D. (1974): Rhythmische Schwankungen als Fehler in der Notengebung bei mündlichen Prüfungen. *Psychologie in Erziehung und Unterricht 21*, 1, 1–14.

Birkel, P. (1978): *Mündliche Prüfungen. Zur Objektivität und Validität der Leistungsbeurteilung.* Bochum: Kamp.

Blaichinger, N./Weinacht, J. (1996): *Schulrecht für Eltern. Praxisratgeber.* Linz: Veritas.

Brezovich, B. (2006): *Schulrecht kurz gefasst.* 7. Aufl. Linz: Trauner.

Bundesministerium für Bildung, Wissenschaft und Kultur (Hg.): *Informationsblätter zum Schulrecht, Teil 3: Leistungsfeststellung und Leistungsbeurteilung.* Stand: April 2000.

Dubs, R./Delhees, K./Metzger, Ch. (1974): *Leistungsmessung und Schülerbeurteilung.* Zürich: Verlag des Schweizerischen Kaufmännischen Vereins.

Fankhauser, R. (1987): Die Berechtigung zum Aufsteigen als subjektives Recht. *Recht der Schule 9*, 3/4, 75–88.

Fankhauser, R. (1988a): Das Wiederholen von Schularbeiten und ihre Beurteilung. *Recht der Schule 10*, 1, 15–19.

Fankhauser, R. (1988b): Schulrechtliche Arbeitstagung 9. bis 11. Mai 1988, Strobl/Wolfgangsee. *Recht der Schule 10*, 3/4, 65–75.

Fankhauser, R. (1992/93): Neue Bestimmungen des SchUG und der Leistungsbeurteilungs-Verordnung. *Österreichische Zeitschrift für Berufspädagogik 11*, 2, 25–29.

Frey, K./Frey-Eiling, A. (1992): *Allgemeine Didaktik.* 5. Aufl. Zürich: vdf.

Hahn, A./Fischer, H. (1995): Aufsatzbeurteilung. Transparenz durch kriterienorientierte Rückmeldungen. *Pädagogik 47*, 3, 14–16.

Hosch-Merkl, F. (1980): Bemerkungen zur Leistungsprognose, insbesondere zur Feststellung gemäß § 25 Abs. 2 lit. c des Schulunterrichtsgesetzes. *Recht der Schule 2*, 33–36.

Ingenkamp, K. (1975): *Pädagogische Diagnostik. Ein Forschungsbericht über Schülerbeurteilung in Europa.* Weinheim: Beltz.

Ingenkamp, K. (1981): *Wert und Wirkung von Beurteilungsverfahren.* Weinheim: Beltz.

Ingenkamp, K. (1985): Erfassung und Rückmeldung des Lernerfolgs. In: *Enzyklopädie Erziehungswissenschaft, Bd. 4: Methoden und Medien der Erziehung und des Unterrichts* (173–205). Hrsg. v. G. Otto und W. Schulz. Stuttgart: Klett-Cotta.

Ingenkamp, K. (1988): *Lehrbuch der pädagogischen Diagnostik. Studienausgabe.* Weinheim: Beltz.

Ingenkamp, K. (1989): *Diagnostik in der Schule. Beiträge zu Schlüsselfragen der Schülerbeurteilung.* Weinheim: Beltz.

Jonak, F./Kövesi, L. (2003): *Das österreichische Schulrecht.* 9. Aufl. Hrsg. v. F. Jonak. Wien: öbv & hpt.

Klauer, K. J. (Hg.) (1978): *Handbuch der pädagogischen Diagnostik.* Bd. 1–4. Düsseldorf: Schwann.

Kleber, E. W. et al. (1976): *Beurteilung und Beurteilungsprobleme. Eine Einführung in Beurteilungs- und Bewertungsfragen in der Schule.* Weinheim, Basel: Beltz.

Krumm, V. (1973): *Wirtschaftslehreunterricht. Analyse von Lehrplänen und Lehrinhalten an Kaufmännischen Berufs- und Berufsfachschulen in der Bundesrepublik Deutschland.* Stuttgart: Klett.

Neuweg, G. H. (2001): Das Können prüfen. Plädoyer für eine andere Prüfungsdidaktik. *Grundlagen der Weiterbildung 12,* Nr. 5, 202–205.

Neuweg, G. H. (2005): Vorsichtsstandards für den Umgang mit Bildungsstandards. In: bwp@ Nr. 8. [http://www.bwpat.de/ausgabe8/neuweg_bwpat8.pdf]

Posch, P./Schneider, W./Mann, W. (1989): *Unterrichtsplanung. Mit Beispielen für den betriebswirtschaftlichen Unterricht.* 4. Aufl. Wien: Manz.

Pritz, V. (1981): Der Einfluss von Sprechflüssigkeit und Vorinformation auf die Leistungsbeurteilung in der mündlichen Reifeprüfung. In: *Wert und Wirkung von Beurteilungsverfahren* (49–96). Hrsg. v. K. Ingenkamp. Weinheim: Beltz.

Ryle, G. (1969): Der Begriff des Geistes. Stuttgart: Reclam.

Sacher, W. (2004): *Leistungen entwickeln, überprüfen und beurteilen. Bewährte und neue Wege für die Primar- und Sekundarstufe.* 4. Aufl. Bad Heilbrunn/Obb.: Klinkhardt.

Schneider, W. (1982): Die Beurteilung der Mitarbeit der Schüler im Unterricht – eine Lösung des Prüfungsproblems? *Erziehung und Unterricht 132,* S. 397–408.

Teml, Hubert/Mayr, Johannes (1982): Leistungsbeurteilung als Lernhilfe oder Wie man eine Verordnung pädagogisch nützen kann. In: *Erziehung und Unterricht 132,* S. 546–565.

Vierlinger, R. (1999): *Leistung spricht für sich selbst. „Direkte Leistungsvorlage" (Portfolios) statt Ziffernzensuren und Notenfetischismus.* Heinsberg: Dieck.

Zeinhofer, R. (1992): *Aspekte des Schulrechts unter besonderer Berücksichtigung der Rechtsmittel und Rechtsbehelfe sowie der sonstigen Anfechtungsmöglichkeiten gegen eine unrichtige Leistungsbeurteilung mit „Nicht genügend".* Linz, Diss.

Anhang 1:
Such- und Prüfschema zur Identifizierung relevanter Lernziele und -inhalte

A. Kritische Beurteilung der Wissensziele und der Reproduktionsaufgaben

- Ist es wichtig, die fachlichen Informationen, die zu diesem Thema gehören, ständig verfügbar zu haben?
- Benötigen Sie selbst diese Informationen für Ihr tägliches Leben in dieser Gesellschaft? Würden Sie in irgendeiner Hinsicht schlechter leben, wenn Sie diese Informationen nicht hätten?
- Kennen Sie jemanden, der diese Informationen täglich oder regelmäßig braucht?
- Welchen Sinn könnte es für die Schüler haben, dass sie diese Information ihrem Gedächtnis einprägen, so dass sie sie jederzeit reproduzieren können? Handelt es sich tatsächlich um unverzichtbares Wissen?
- Genügt es, wenn man sich diese Informationen dann beschafft (oder sie dann wieder hervorholt), wenn man sie benötigt? Wie kann die Fähigkeit zu selbstständigen Beschaffung oder Nutzung von Informationen gegebenenfalls überprüft werden?

B. Suche nach Könnenszielen und Anwendungsaufgaben

- Welche Tätigkeiten müssen die Schüler beherrschen lernen, damit sie nicht nur etwas über das Thema wissen, sondern ein für sie nützliches Können erwerben?
- Wo und wie werden Kenntnisse über dieses Thema angewendet? Wer benutzt dieses Wissen wozu? Gibt es Möglichkeiten, die Prüfungssituation der späteren Verwendungssituation anzugleichen?
- Lassen sich die Prüfungsanforderungen dadurch relevanter gestalten, dass der Einsatz praxisgängiger Hilfsmittel erlaubt wird? Gibt es andererseits pädagogische Erwägungen, die gegen die Zulassung solcher Hilfsmittel sprechen?

C. Suche nach dauerhaften und transfermächtigen Lehrzielen

- Ist das für die Prüfung ins Auge gefasste Lernziel dauerhaft bedeutsam? Je schneller das fragliche Wissen oder Können voraussichtlich veralten wird, desto weniger wichtig wird es im Allgemeinen sein, es zu prüfen.
- Welche Aspekte, Ideen, Gesetzmäßigkeiten, Prinzipien, Grundeinsichten usw., die auf andere Themen und Problemstellungen übertragbar sind, lassen sich im Lehrstoff ausmachen? Diese sollten verstärkt geprüft werden.

D. Suche nach bedeutsamen Schlüsselqualifikationen

- In vielen Bereichen nimmt die Bedeutung formaler Fähigkeiten im Verhältnis zur Bedeutung von Faktenwissen zu. Zu fragen ist daher, welche Schlüsselqualifikationen, z. B. Analysefähigkeit, Entscheidungsfähigkeit, Kreativität, Kommunikationsfähigkeit, Selbstständigkeit, am betreffenden Thema entwickelt werden können und geprüft werden sollen.

Anhang 2:
Beispiele für bedeutsame Lernerfahrungen im Rahmen der Mitarbeitsfeststellung (Teml/Mayr 1982, S. 556)

Erarbeiten

- Kurzreferate zu einem Thema als Ergänzung zum Lehrervortrag vorbereiten
- Aus einer Diareihe einige Bilder auswählen und diese den Mitschülern erläutern
- Eine Informationswand gestalten (Bilder, Zeitungsausschnitte, Grafiken ...)
- Personen zu einem Thema befragen und darüber in der Klasse berichten
- Stichworte zur Begründung einer Meinung notieren
- Vorschläge für die Gestaltung des Unterrichtes einbringen

Erfassen, Verstehen, Einordnen, Anwenden

- Einen Versuchsaufbau mit eigenen Worten beschreiben
- Mit Hilfe geographischer Informationen eine Italienreise zusammenstellen und beschreiben
- Kritische Fragen und Einwände zu einem Lehrstoffgebiet zusammenstellen
- Zentrale Informationen eines Lehrervortrags stichwortartig aufschreiben und wiedergeben

Üben

- Zusammenfassungen von Unterrichtsstunden geben
- Selbstständig einen verständlichen und optisch aufbereiteten Merktext erstellen
- Sinnvolle Wiederholungsfragen zusammenstellen
- Pflanzen mittels Buch bei einem Lehrausgang bestimmen
- Sich beim Wandertag mittels Karte orientieren

Durchführen von Arbeiten und Tätigkeiten praktischer Art

- Eine Versuchsanordnung aufbauen
- Ein Rollenspiel engagiert darstellen
- Ein anschauliches Arbeitsblatt für andere herstellen
- Eine Mappe mit Bildmaterial und Informationen zusammenstellen

Einzel-, Partner- und Gruppenarbeit

- Sich selbstständig Informationen beschaffen
- Gruppenberichte sinnvoll notieren und lebendig vortragen
- Einem Mitschüler den Stoff anschaulich erklären (Tutor)

Anhang 3
Qualitätssicherung in der schulischen Leistungsbeurteilung

[Eine ausführlichere Version des hier abgedruckten Leitfadens wurde vom Autor im Auftrag des bm:bwk, Abt. II/4, für den Einsatz im humanberuflichen Schulwesen entwickelt.]

1 – Leistungsdefinition Prüfungsinhalte werden sorgfältig und nach ihrer Bedeutsamkeit ausgewählt.			
Nr.	Entwicklungsziel	Bedeut-samkeit (1 bis 3)	Handlungs-bedarf (1 bis 3)
1/1	Der Lehrer kann dem Schüler oder interessierten Dritten **erläutern, warum** man das wissen oder können muss, was eine Aufgabe prüft, und warum man es in der Form wissen oder können muss, in der die Aufgabe es prüft.		
1/2	Die Prüfungen sind „ökologisch valide" (= fordern **lebensbedeutsame** oder für die weitere Bildungslaufbahn bedeutsame **Leistungen**).		
1/3	**Träges Wissen** („Buchwissen", das praktisch nicht umgesetzt werden kann) wird nicht belohnt, **implizites Wissen** (lebensnahes Können) wird nicht bestraft.		
1/4	Es gibt innerhalb der Fachgruppe **regelmäßige Auseinandersetzungen** darüber, was warum und wie geprüft werden soll.		
1/5	Es gibt innerhalb der Fachgruppe eine **gemeinsame „Philosophie des Schulfaches"**: Was am Fach ist wichtig?		
1/6	Die für die Vergabe der Note **Genügend** zu erreichenden **Kernlernziele** („das Wesentliche") sind für jedes Fach definiert und durch Beispielaufgaben konkretisiert.		
1/7	Lehrer/innen, Schüler/innen, Eltern, weiterführende Bildungseinrichtungen und Abnehmer/innen aus der Wirtschaft haben **Vertrauen in die Aussagekraft (Berichtsfunktion) der Noten**.		

2 – Leistungsfeststellung

Es wird fair, rechtskonform und didaktisch professionell geprüft.

Nr.	Entwicklungsziel	Bedeut-samkeit (1 bis 3)	Handlungs-bedarf (1 bis 3)
2/1	Die Prüfungen sind in Bezug auf Lehrstoff, Prüfungsform, Powerkomponenten (Wissen, Verstehen, Problemlösen, Transfer) und Speedkomponenten (gefordertes Arbeitstempo) auf den vorangegangenen Unterricht abgestimmt und umgekehrt (**Fairness**).		
2/2	Möglichst vielfältige Leistungen werden in möglichst vielfältiger Weise (schriftlich, mündlich, praktisch) erhoben (**Variabilität**).		
2/3	Das Potenzial der **Mitarbeitsfeststellung** wird genutzt: sorgfältige Planung, hohe Gewichtung, regelmäßige Aufzeichnungen, keine Miniaturen besonderer Leistungsfeststellungen, sondern Beobachtung in „natürlichen Situationen".		
2/4	Die einzelnen Formen der Leistungsfeststellung werden **gleich gewichtet.**		
2/5	Die Schüler/innen werden innerhalb einer Fachgruppe vergleichbaren Anforderungen unter vergleichbaren Bedingungen (Bearbeitungszeit, Hilfsmittel) unterzogen (= **Durchführungsobjektivität**).		
2/6	Die Leistungsfeststellungen werden **rechtskonform** durchgeführt.		
2/7	Die Leistungsfeststellungen werden **prüfungsdidaktisch einwandfrei** konzipiert und durchgeführt.		
2/8	Vor der Durchführung werden (auch bei mündlichen Prüfungen!) Musterlösungen oder **Lösungskriterien schriftlich fixiert**.		

3 – Leistungsbeurteilung

Es wird sachlich und objektiv benotet.

Nr.	Entwicklungsziel	Bedeutsamkeit (1 bis 3)	Handlungsbedarf (1 bis 3)
3/1	Die Leistungsbeurteilung erfolgt strikt kriterienorientiert (**lehrzielorientiert**) und nicht klassendurchschnittsorientiert. Die Beurteilungsmaßstäbe werden vor der Prüfung festgelegt und im Nachhinein nicht verändert.		
3/2	Bewertungskriterien, Auswertungskriterien und Anspruchsniveaus sind innerhalb einer Fachgruppe **einheitlich** (= Auswertungs- und Interpretationsobjektivität).		
3/3	Die Lehrer/innen bemerken und korrigieren auffällige **Tendenzen im eigenen Beurteilungshandeln** (besondere Strenge oder Milde, mittlerer Notenbereich dominiert, Extrembereiche dominieren).		
3/4	Große **Unterschiede im Anspruchsniveau der einzelnen Fächer** („Hauptfächer" versus „Nebenfächer") werden kritisch hinterfragt und ausgeglichen.		
3/5	Die Bewertungskriterien und Anspruchsniveaus werden **schulübergreifend** verglichen.		
3/6	„**Heimliche Qualitätsstandards**" werden diskutiert, überprüft und allenfalls korrigiert. Z. B.: „An unserer Schule soll man nicht zu viele gute/zu viele schlechte Noten vergeben."		
3/7	Es werden **Maßnahmen** ergriffen, um sachfremde, **objektivitätsbeeinträchtigende Faktoren** bei der Beurteilung möglichst weitgehend auszuschalten.		
3/8	Die Notenvergabe erfolgt **nicht** nach dem „**Taschenrechnermodell**" durch bloße Punkte- oder Notenaddition. Sie orientiert sich an den Notendefinitionen der LBVO. Einzelne Prüfungen werden nach Stoffumfang, Schwierigkeitsgrad und Zeitpunkt gewichtet.		

4 – Transparenz

Klare Spielregeln sichern zielgerichtetes Lernen und nachvollziehbare Noten.

Nr.	Entwicklungsziel	Bedeutsamkeit (1 bis 3)	Handlungsbedarf (1 bis 3)
4/1	Die Schüler/innen werden am Beginn des Unterrichtsjahres in jedem Gegenstand über das **Leistungsbeurteilungskonzept** informiert (Welche Leistungsfeststellungen? Wie viele? Mit welchem Gewicht für die Semester-/Jahresnote?)		
4/2	Die Schüler/innen werden in geeigneter Form über die unbedingt zu erreichenden **Kernlernziele** informiert.		
4/3	Die Lehrer/innen leiten jeden neuen Themenabschnitt mit einem **Informierenden Unterrichtseinstieg** ein (Thema, Lernziele, schülergerechte Begründung der Lernziele).		
4/4	Transparenz erschöpft sich nicht in der Lehrstoffbekanntgabe. Die Schüler/innen wissen **genau**, welches konkrete Können auf welchem Niveau in welchem Tempo gefordert wird.		
4/5	Die Schüler/innen können ein Gefühl für den **Prüfungsstil** im jeweiligen Fach/beim jeweiligen Lehrer entwickeln (Zurverfügungstellung alter Prüfungsangaben, Ausgabe prüfungsähnlicher Übungsaufgaben).		
4/6	Es werden regelmäßig **Informationsfeststellungen** durchgeführt.		
4/7	Lehrstoff, Lehrziele und Prüfungszeitpunkte werden den Schüler/inne/n **so früh und so präzise wie möglich** bekannt gegeben (Übererfüllung der LBVO geboten!).		
4/8	Es wird für jede Leistungsfeststellung **vorab** angegeben, welche Leistungen/Fehler zu welchen Punkten (Punkteabzügen) führen und wie sich daraus die Gesamtbeurteilung ergibt.		

5 – Ergebniskultur

Es wird sichergestellt, dass alle Beteiligten aus den Ergebnissen lernen wollen und können.

Nr.	Entwicklungsziel	Bedeut-samkeit (1 bis 3)	Handlungs-bedarf (1 bis 3)
5/1	**Zeitkultur**: Die Rückmeldungen erfolgen so rasch wie möglich.		
5/2	**Begründungskultur (I):** Den Schüler/inne/n werden die für die Beurteilung maßgeblichen Vorzüge und Mängel ihrer Leistung bekannt gegeben (qualitative Rückmeldung zusätzlich zur Note).		
5/3	**Begründungskultur (II):** Den Schüler/inne/n wird das Zustandekommen der Semester- bzw. Jahresnote erläutert.		
5/4	**Informationskultur**: Die gesetzlichen Informationsverpflichtungen werden eingehalten.		
5/5	**Motivationskultur**: Die Ursachenzuschreibung durch den Lehrer erfolgt motivationsfördernd (durch den Schüler beeinflussbare Leistungsursachen werden betont).		
5/6	**Förderkultur**: Schüler/innen mit Leistungsdefiziten erhalten konkrete Lernhinweise. Das Frühwarnsystem wird nicht lediglich pro forma betrieben.		
5/7	**Analysekultur**: Die Ursachen der Prüfungsergebnisse werden analysiert. Lehrer und Schule übernehmen aktiv Mitverantwortung für (aggregierte) Ergebnisse (Leistungsbeurteilung als Evaluation des Unterrichts!).		
5/8	**Konfliktkultur**: Orientierung am gemeinsamen Ziel „Lernzuwachs" statt Schuldzuweisung; sorgfältige Analyse von Konflikten, die „nach oben" gehen (= Beschwerden bei der Schulleitung, Berufungen, Aufsichts-beschwerden): Warum sind diese Konflikte eskaliert?		

Arbeitsvorschlag

In einem Qualitätsentwicklungsprojekt ist es wichtig, sich auf einige wenige, ausgewählte Entwicklungsziele zu konzentrieren. Bei der **Ausschnittbildung** hilft die Tabelle in folgender Weise:

- Schätzen Sie in der Spalte „Bedeutsamkeit" ein, wie wichtig dieses Merkmal Ihrer Auffassung nach für eine qualitätsbewusste Leistungsbeurteilungskultur an Ihrer Schule konkret ist. (1 = „sehr bedeutsam", 2 = „bedeutsam", 3 = „weniger bedeutsam").
- Schätzen Sie dann in der Spalte „Handlungsbedarf" ein, wie es um die Ausprägung dieses Merkmals an Ihrer Schule konkret derzeit bestellt ist. (1 = „hier liegen wir nicht gut/großer Handlungsbedarf", 2 = „hier könnte es besser sein/Handlungsbedarf", 3 = „schon realisiert/kein Handlungsbedarf").
- Es ist günstig, wenn sich alle Lehrer/innen einer Schule an der Einschätzung der Aspekte „Bedeutsamkeit" und „Handlungsbedarf" beteiligen. Denn das gemeinsame Durcharbeiten der Tabelle stimuliert wichtige Diskussionen an der Schule – und damit hat der Entwicklungsprozess eigentlich schon begonnen!
- Prioritär sind vor allem die „1/1"–Ziele jene also, die sehr bedeutsam sind *und* bei denen großer Handlungsbedarf besteht.
- Gerade an sehr ambitionierten und zugleich selbstkritischen Standorten ist denkbar, dass relativ viele solcher „prioritärer Ziele" ermittelt werden. Im ersten Schritt sollten jedoch nicht mehr als 4 bis maximal 8 Entwicklungsziele ausgewählt, diese dann aber auch konsequent verfolgt werden.

Um am Schulstandort zu einem konkreten **Entwicklungsplan** zu gelangen, ist es wichtig, für jedes der ausgewählten Ziele folgende Fragen zu beantworten:

- Wie können wir – im weitesten Sinne – „messbar" machen, wo wir in Bezug auf dieses Entwicklungsziel stehen?
- Welche Möglichkeiten sehen wir, Entwicklungsprozesse in Bezug auf dieses Entwicklungsziel in Gang zu bringen?
- Wer ist Träger der einzelnen Maßnahmen, die in Frage kommen (der einzelne Lehrer? eine Gruppe von Lehrer/inne/n? das gesamte Kollegium? die Schulleitung? die Schulaufsicht? das Ministerium ...)?
- Wen oder was braucht unsere Schule, um die in 2. ins Auge gefassten Maßnahmen auch tatsächlich umsetzen zu können (Personalressourcen, Personalentwicklungs-/Fortbildungsbedarf, Zeitressourcen für konkrete Personen, Finanzmittel, Machtpromotion durch konkrete Personen, Sachressourcen ...)?
- Welche Widerstände gegen die ins Auge gefassten Maßnahmen sind denkbar? Wie kann man sich mit solchen Widerständen konstruktiv auseinandersetzen?
- Welche unerwünschten Nebenwirkungen können die Maßnahmen haben? Wie kann man das Eintreten dieser Nebenwirkungen verhindern oder abfedern?